Oivan kymppi

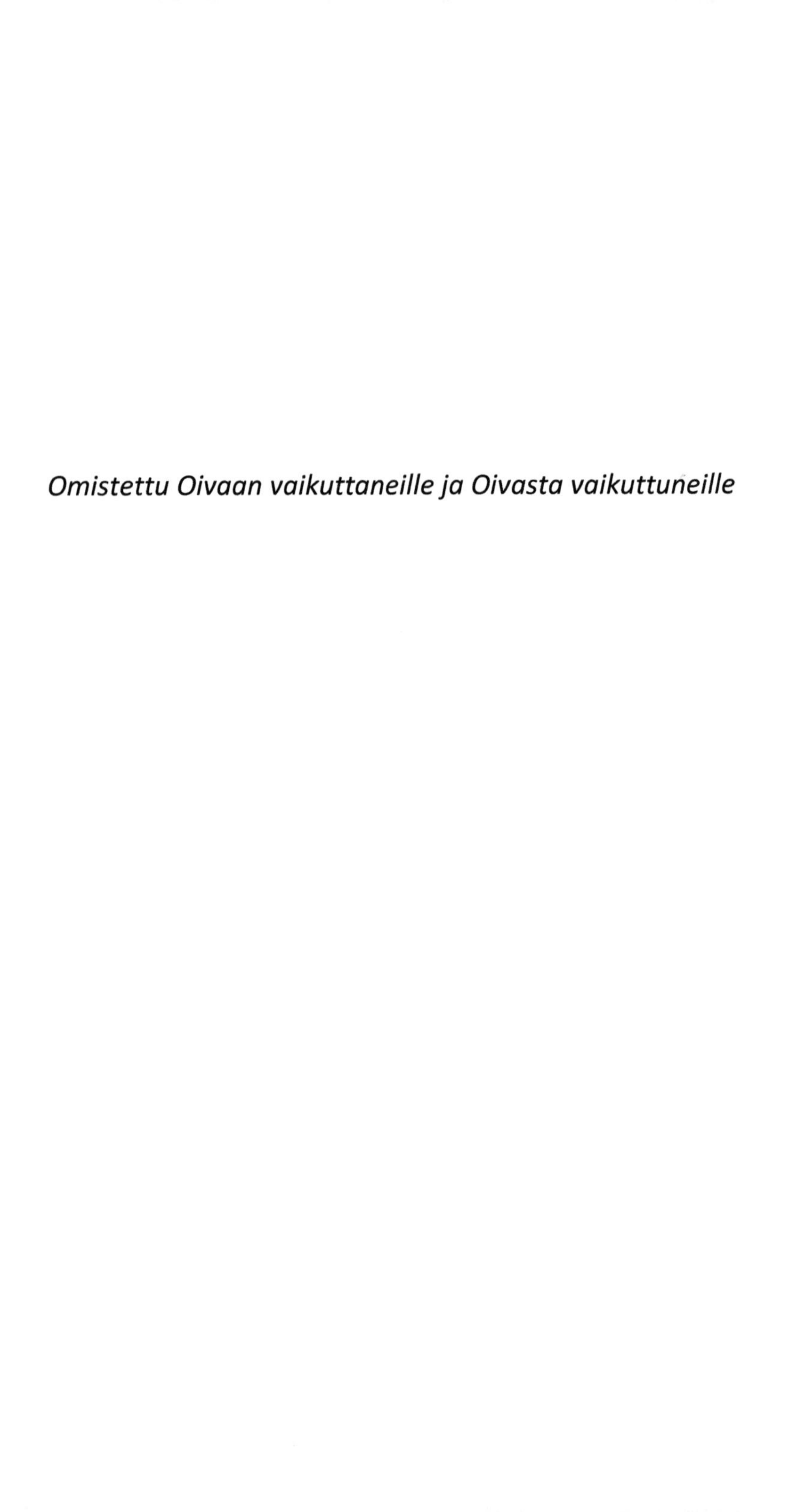

Omistettu Oivaan vaikuttaneille ja Oivasta vaikuttuneille

Mustan mapin
ja muiden lähteiden pohjalta
sepittänyt

Timo Montonen

Oivan kymppi

**Työikäisten Parkinson-kerhon
historia ja tulevaisuus 2010–2020**

Kustantaja: BoD™ – Books on Demand, Helsinki, Suomi

Valmistaja: Books on Demand GmbH, Norderstedt, Saksa

ISBN: 978-952-80-0616-9

SISÄLLYS

Historia syntyy kun se kerrotaan.

ALKUSANAT

Oiva-kerhon 10-vuotishistorian kirjoittaminen on sikäli etuaikaista, että vasta yhdeksäs toimintavuosi on tätä kirjoittaessani käynnissä. Mutta kun olen kuullut puheita, että toiminta työikäisenä Parkinsonin tautiin sairastuneiden Oiva-kerhon piirissä on hiipumassa, niin historian voi nähdä paitsi menneen kuvauksena myös viitoituksena tulevaan, eräänlaisena interventiona, väliintulona, puuttumisena, yrityksenä vaikuttaa. Niinpä kun tarkastelen Oivan historiaa viidessä luvussa, noin kahden vuoden jaksoissa, viides eli viimeinen luku on osin tulevaisuuteen katsomista, ei suorastaan ennustamista vaan pikemminkin mahdollisuuksien näkemistä. Jotta näitä mahdollisuuksia olisi runsaasti, olen pyytänyt Oivan aktiivijäseniltä visioita, näkyjä, kangastuksia ja etiäisiä vuosista 2019 ja 2020.

Nostan kunkin luvun suureksi teemaksi jonkin toimintaa olennaisesti leimaavan seikan, joka on merkitsevällä tavalla rakentamassa kerhoa ja kuvaa siitä, usein myös kahta vuotta pidemmällä aikajaksolla. Punaisena lankana on kerhon toimintatavoitteen muuttuminen. Tavoite voidaan ilmaista kokouksissa tai suunnitelmissa, mutta se voi myös piirtyä esiin käytännössä, ikään kuin toiveiden toteutuma, ja näkyä vasta jälkeenpäin.

Suuria linjoja, jotka siis hyvinkin liukuvat toistensa lomaan, esiintyvät osin samanaikaisesti, ovat tavoite tulla (1) yhteiskunnalliseksi vaikuttajaksi, (2) valtakunnalliseksi toimijaksi, (3) taiteellisen ja liikunnallisen toiminnan näyttämöksi ja (4) kansainvälisen vuorovaikutuksen osapuoleksi. Käynnissä olevaa tarkastelujaksoa leimaa (5) hakeutuminen tiiviimpään yhteistyöhön järjestökentällä, jopa niin, että Oiva nähdään apuaan tarjoavana kerhona.

Tavoitteet kuulostavat mahtipontisilta, koska ne ovat sitä. Mutta kerhon toiminta antaa tavoitteille perustelut. Kerhon eri vaiheita eläneenä tunnistan ajatuksia ja tunteita, keskusteluja ja tekoja, joissa on noiden tavoitteiden mukaista sanastoa, sisältöä, aikeita ja saavutuksia. Monesti astumme suurempiin saappaisiin, otamme kantaaksemme manttelin jonka painoa on työlästä kestää, tavoittelemme mahdottomia ja teemme ne mahdollisiksi – kasvamme kerhoyhteisönä ja tiukassa paikassa vielä venymme.

Mikä on Oivan toimintaa ja mikä jotain muuta, esimerkiksi puheenjohtajan omaa harrastuneisuutta?

Suppeasti ajatellen Oivan toimintaa ovat sen vuosittaisiin toimintasuunnitelmiin ja niiden toteuttamiseen liittyvät asiat, kaikki se ja vain se, johon Oiva piirtää puumerkkinsä tai painaa peukalonjälkensä.

Laajasti ajatellen Oivan toimintaa – tai ainakin Oivaan liittyvää toimintaa – on myös Oivan jäsenten pyrinnöt ja ansioituminen muualla Parkinson-kentällä, monesti leimallisesti Oivan edustajana, kuten emoyhdistyksen hallituksessa, liittohallituksessa, liittokokousedustajana, verkkopalvelujen sisällöntuottajana, kongressi- ja kokousmatkaajana sekä matkasaarnaajana liittoa, yhdistyksiä ja kerhoja sparraamassa...

Usein nämä kerhotoiminnan arjesta poikkeavat irtiotot henkilöityvät, nostavat yksilöitä esiin, ja historiassani pyrin myös näyttämään tämän vuorovedoin tapahtuvan aktiivisuuden merkityksen.

Haasteena on kertoa tarina, joka ei etene pelkästään huipulta huipulle. Myös rivijäsenen pitää tunnistaa itsensä, vaikka välillä rönsyiltäisiin ydintoiminnan ulkopuolelle. Ilman laaksoja ei ole kukkulaa.

Jokaisella kerhon jäsenellä on omat osallistumistapansa ja niin muodoin myös omat muistonsa ja painotuksensa. Minä kerhon perustajajäsenenä ja ensimmäisenä puheenjohtajana olen ollut monessa mukana. Täten on ymmärrettävää, että pyynnöstä ryhdyn Oivan historian kirjoittajaksi – kuitenkin tietyin epäilyin ja varauksin. Ensinnäkin olen parantumaton omaan napaan tuijottaja. Pelkään, että kirjoitan paisutetun ansioluettelon. Pystynkö millään tasolla kertomaan, miten muut kokevat Oivan? Toiseksi, olen kirjoittaessani katteettoman luottavainen ihmisten hyvään tahtoon. Pelkään, että neutraalina pitämäni asia onkin jollekin punainen vaate. Pystynkö kirjoittamaan niin, etteivät Oivan toimintaan osalliset pahastu siitä, mitä heistä kerron tai siitä, että jätän jotain kertomatta?

Maisa, perustajajäsen hänkin, on alusta asti kerännyt mustaan mappiin kerhon arkistoa, kirjoittamiaan vuosittaisia toiminnan kuvauksia ja Oivaan liittyviä lehtiartikkeleita. Hänen tekemänsä vuosikatsaukset ja taltioimansa lehtileikkeet tarjoavat Oivan historialle perustan, jonka päälle on mielekästä täydentää ja kirjoittaa Oivan tarina. Maisan alulle panemasta hahmotelmasta Oivan historiaksi on minulle suuri apu, koska se rakentaa kuvaa kerhon perustoiminnan muodostavasta tapahtumien jatkumosta, siitä yhdessä tekemisen kulttuurista, josta Oivan jäsenet parhaimmillaan saavat nauttia. Tämä aineisto on kirjan sisällön ja rakenteen runkona.

Oivan historiassa on kirjoituksia, jotka on alun perin julkaistu Uudenmaan Parkinson-yhdistyksen Parkkis-lehdessä tai Suomen Parkinson-liiton Parkinson-postia-lehdessä. Käytän hyväksi tapahtuma-aikoina syntyneitä omia ja muiden Oivan jäsenten kirjoituksia samalla kun katson Oivan historiaa nykyhetken näkökulmasta. Kiitän kaikkia, jotka ovat antaneet ajatuksiaan ja kirjoituksiaan tässä kirjassa julkaistavaksi. Kirjoitan sekä muistini suodattamana että dokumenttien lävitse. Tarkoitus on nähdä kauempaa jotain, jota läheltä ei ole voinut nähdä. Tätä retrospektiivistä katsetta voi kutsua myös tulkinnaksi, joka antaa merkityksen tapahtuneelle ja kerrotulle.

Leinelässä 15.10.2018 Tekijä

I
YHTEISKUNNALLINEN VAIKUTTAJA

Me haluamme kertoa Parkinsonin taudista työnantajille, viestiä sen oireista suurelle yleisölle, haastaa työyhteisöt pohtimaan miten toimia, kun Parkinson tulee töihin.

Tulokastapaaminen ja ryhmän perustaminen
Kokoontumisia ja keskustelua verkossa
Rokkia ja blogikirjoituksia
Retkiä, matkoja
Kerhoksi

2010
Kerho syntyy tarpeeseen

Kerhomme syntyy tarpeeseen. Tavanomaista nuorempana Parkinsonin tautiin sairastuneiden tarve omaan toimintaan työajan ulkopuolella on huomattu Suomen Parkinson-liitossa, joka on perustanut työikäisten toimikunnan organisoimaan valtakunnallisesti työikäisenä sairastuneiden toimintaa. Työikäisten toimikunnan tukemana Suomen Parkinson-liiton aluesihteeri Soile Kauppi järjestää Helsingissä tapaamisen työikäisenä sairastuneille.

Tulokastapaamisen ajankohta on 10.4.2010, alkuilta, ja paikkana Uudenmaan Parkinson-yhdistyksen toimistohuoneisto Paciuksenkaarella, Pikku Huopalahdessa.

Paikalle meitä tulee kaksitoista henkeä, pääosin toisillemme vieraita, naisia ja miehiä, kaikilla joko tuore tai muutaman vuoden takainen diagnoosi. Monet meistä ovat yhä työelämässä mukana. Pääkaupunkiseudun lisäksi tulijoita on Lahdesta saakka.

Illan alustajiksi ovat lupautuneet Teuvo V. Vihannista ja Ilkka Espoosta. He kertovat työikäisten toiminnasta Suomessa. Pohjoisessa puhelinkontaktit ovat tärkeitä. Turussa on jo muutaman vuoden kokoontunut työikäisten Olivia-ryhmä, muuallakin on vastaavaa vireillä. Teuvo V. on työikäisten toimikunnan puheenjohtaja. Uudenmaan Parkinson-yhdistyksen puitteissa toimii jo Espoossa työikäisten ryhmä, jonka yhteyshenkilö Ilkka on.

Kumpikin alustajista kertoo myös oman tarinansa, joka molemmilla painottuu syväaivostimulaattorin (DBS) asentamiseen ja käyttämiseen. Ilkka kertoo myös kirjoittaneensa romaanin Lähes täydellinen muistinmenetys (Kirja kerrallaan, 2006), jonka ostan häneltä illan päätteeksi.

Tilaisuudessa on hyvä tunnelma, orastavaa ryhmähenkeä alkaa muodostua. Niinpä kun Soile johdattaa puhetta siihen, että haluammeko tavata uudelleen, minun on helppoa tarttua tarjoukseen ja lupautua ryhmän koollekutsujaksi.

Olen jo ehtinyt toimia syksyn 2006 sopeutumisvalmennuskurssini koollekutsujana ja vuositapaamisen järjestäjänä kahteen kertaan, vuonna 2007 Parkinson-liiton Erityisosaamiskeskus Suvituulessa, jossa liiton keskustoimisto sijaitsee ja jossa olemme tavanneet liiton henkilökuntaa, ja 2008 liiton virkistyskeskuksessa Koulurannassa, testamenttilahjoituksen saadussa entisessä koulussa, jonka pihapiiri, rantasauna ja illanviettoon sopiva suuri kota jäävät ensikäynnillä pysyvästi mieleen. Kahden kerran jälkeen järjestelyvastuun on ottanut toinen sope-kurssimme jäsen, ja olen ollut mukana näissäkin tapaamisissa Pieksämäellä eräässä kuntoutuskeskuksessa.

Tätä taustaa vasten minulle on tuttua ottaa vastuuta ja sopia ryhmän kanssa seuraava tapaaminen toukokuulle, alkuiltaan jälleen, jotta työssä olevat ehtivät mukaan ilman erikoisjärjestelyjä.

Kerron tässä kirjassa kerhosta, en sairaudesta. Mutta jottei unohtuisi perimmäinen syymme muodostaa yhteenliittymiä, lainaan tähän kerhon historian alkutaipaleelle Kaarinan kirjoituksen, jossa hän kuvaa tyypillisiä Parkinsonin tautiin liittyviä oireita, niin ulospäin näkyviä kuin potilaan sisäisessä maailmassa ilmeneviä: "Minulla on Parkinson Parkinsonin tauti näkyy monin tavoin. Vapina ja liikkuminen hitaasti etukumarassa asennossa ovat yleisin mielikuva oireista. Parkinson hidastaa liikkumista, on jäykkyyttä ja jähmeyttä, ääni hiljenee ja asian sanominen saattaa kestää, kasvot ovat ilmeettömät sekä toisinaan liikkuminen ja tekeminen eivät onnistu lainkaan. Nämä asiat vaikeuttavat sekä omaa että läheisten päivittäistä elämää, mutta erityisesti niistä on haittaa kodin ulkopuolella.

Siispä huomaa, ilmeettömyys ei ole välinpitämättömyyttä tai ynseyttä, kasvojen ilme vaan ei vaihdu tai pakkoliike aiheuttaa irvistyksen. Jos puhe on epäselvää tai hidasta, kysymys ei ole siitä, etten muista mitä piti sanoa tai en kuullut saati ymmärtänyt kysymystä. Tauti hidastaa puhetta, pitkä hiljaisuus vaikeuttaa ulosantia, joten on syytä keskittyä kuuntelemaan ja odottaa, että saan sanottua sanottavani.

Tekemättömyys ei ole oma valinta, olen hidas ja toimintakyky vaihtelee lääkevasteen mukaisesti. Kun lääkkeen vaikutus hiipuu ja ennen kuin seuraava annos vaikuttaa, saattaa olla, etten pääse mihinkään vaan olen liikkumatta yhdessä asennossa. Lääkepitoisuuden lisääntyessä saattaa tulla pakkoliikkeitä, jotka haittaavat toimintakykyä kunnes lääkevaikutus tasaantuu ja toimintakykyni on paras mahdollinen.

Pitkään sairastaneilla nämä lääkevasteen heilahtelut voivat olla melko moisia, siksi toimintaa täytyy suunnitella lääkkeiden ottamisen rytmiin. Myös mieliala ja vireystila ovat merkittäviä, paha mieli pahentaa oireita, hyvä mieli oireeton olo. Ja väsyneenä ei kukaan oikein jaksa mitään, tässä taudissa vielä vähemmän.

Lopuksi, kiireettömyys on valttia, hoputtaminen turhaa. Rauhallisesti tekemällä, sopivasti avustamalla ja ennen kaikkea asioista puhumalla tästä kaikesta selviää."

Toukokuussa meissä aktivoituu toimijuus, heräämme yhteiseen päämäärätietoiseen toimintaan.

Ryhmän keskeiseksi suunnannäyttäjäksi nousee Tapani, talous- ja sosiaalihistorioitsija, joka ehdottaa perustamamme työikäisten ryhmän tavoitteeksi yhteiskunnallisen vaikuttamisen. Keinoksi yhteiskunnalliseen vaikuttamiseen sovimme työnantajille ja työyhteisöille suunnatun opasvihkosen tekeminen. Opasvihkosen nimeksi annamme "Parkinson tulee töihin".

Asettamamme suuri tavoite on monille varmasti yllätys. Vertaistuen, rohkaisun, kuuntelun ja läsnäolon tapaiset asiat ovat heille riittäviä ryhmän toiminnan tarkoituksia. Mutta on hyvä, että ryhmälle muodostuu heti aluksi sekä ryhmän sisäisiä että ryhmästä ulos suuntautuvia tavoitteita. Näin luodaan pohjaa sille vuorovaikutuksen moninaisuudelle, joka ryhmällä – myöhemmin kerholla – on edessään.

Sovimme tapaavamme kuukausittain, kuun kolmantena keskiviikkona, illalla kuudesta kahdeksaan. Uudenmaan Parkinson-yhdistys antaa tilansa käyttöömme maksutta. Meille muodostuu sellainen tapa, että jos ryhmän kokoontumiseen tulee yksikin uusi ihminen, esittäydymme kaikki lyhyesti ja kerromme diagnoosin saamisesta ja Parkinsonin taudin kanssa elämisestä. Kuuntelemme ensikertalaisen tarinan. Näin tulemme toisillemme tutuksi, ymmärrämme toistemme tilannetta yhä paremmin, ja samalla näemme kuinka totumme tarinamme kertomiseen. Se mikä ensimmäisellä kerralla liikuttaa kyyneliin, ei enää toistettuna aiheuta tunnemyrskyä. Aikuiskouluttajan työni on totuttanut minut ryhmien dynamiikkaan ja vuorovaikutukseen. Olen tottunut johtamaan keskusteluja. Kestän tuntikausien puhumista ja kuuntelemista.

Otan ryhmän omakseni, sydämelleni. Olen puheenjohtaja, sihteeri ja kahvinkeittäjä. Ensimmäisenä vuonna pidän tiukasti ohjat itselläni. Syksyn aikana käy muutama vieraileva puhuja, muun muassa yhdistyksemme pitkäaikainen puheenjohtaja neurologi Heikki Teräväinen, joka kertoo havainnollisin vertauskuvin Parkinsonin taudin lääkehoidosta. Mieleen jäävät pienet aminohappokädet, jotka kauhovat itseensä lääkkeiden sisältämiä dopamiinin rakennusaineita... Vai mitenköhän se oli?

Ilkan vetämä työikäisten ryhmä Espoossa toimii vielä jonkin aikaa rinnakkain meidän ryhmämme kanssa, ja jotkut meistä, kuten Maisa, käyvät kummassakin. Maisa tiivistää seuraavassa syitä osallistua Parkinson-kerhoon: "Miksi käydä Oiva-kerhossa? Meitä yhdistää Parkinsonin tauti. Meillä kaikilla on omanlaisemme tarinamme. Voimme vaihtaa mielipiteitä ja kokemuksia sairaudesta, lääkityksestä ja lääkäreistä. Oivassa me kuuntelemme, tuemme ja ymmärrämme toisiamme, mutta myös pidämme hauskaa, heitämme huulta ja nauramme. Kerhossamme käy vierailijoita kertomassa sairaudestamme ja antamassa vinkkejä miten selviytyä arkielämässä. Teemme yhdessä retkiä ja matkoja mielenkiintoisiin paikkoihin. Saamme uusia ystäviä. Tervetuloa kerhoomme, otamme lämmöllä vastaan uudet jäsenet!"

Perustan työikäisten Parkinsonin tautia sairastavien Facebook-ryhmän, joka tavoittaa ihmisiä laajemminkin kuin yhdistyksen toimistolla kokoontuva ryhmämme. Alusta alkaen haluan läsnäoloa ja vuorovaikutusta sekä kasvokkain että verkkovälitteisesti.

Olen itse uusi Facebookin käyttäjä ja kovin tosissani, kannatan asiallista ja syvällistä keskustelua. Verkkokeskustelusta sinänsä minulla on yli kymmenen vuoden kokemus verkkokurssien opettajana ja suunnittelijana, olen jopa julkaissut Verkko-opiskelijan oppaan (Gaudeamus, 2008). Taas tulen siihen, että suhtaudun Parkinson-ryhmiin liki samalla otteella kuin työssäni kohtaamiin ryhmiin. Opettaja ei pääse elkeistään. Facebookin lisäksi osallistun Parkkispaikka-nimisen verkkoyhteisön toimintaan. Kirjoitan blogia ja keskustelen. Kolmas foorumi on Parkinson-liiton keskustelupalsta.

Ensimmäiset Parkinson-pakinani olen julkaissut jo kolmisen vuotta ennen ryhmämme perustamista. Sopeutumisvalmennuskurssilta palattuani syksyllä 2006 soitin Arja Pasilalle, Parkinson-postia-lehden päätoimittajalle, ja ehdotin Tyyliharjoituksia-palstaa, johon kirjoittaisin pakinoita ja kaimani HiasTimo runoja. Vuosien varrella julkaisen aihepiiriin liittyen paljon erilaisia puheenvuoroja, juttuja, pakinoita, kolumneja, postauksia ja tilapäivityksiä erilaisissa verkkojulkaisuissa, lehdissä ja kirjoissa. Merkittäväksi tulee yhteistyö Orionin kanssa. Kirjoitan noin kerran kuussa 2010–2013 Orionin ylläitämälle Wearing Off -sivustolle. Lääkeyhtiö ei maksa potilaalle palkkiota, minulle kerrotaan.

Kirjoitan Parkinson-liiton Parkinson-postia-lehteen artikkelin verkkovuorovaikutuksen mahdollisuuksista. Etenkin Parkkispaikka osoittautuu työikäisten omaa toimintaa kyseenalaistavaksi. Sellaiseen ei nähdä tarvetta. Päinvastoin: se nähdään haitallisena. Tietenkään kaikki eivät näin tee, mutta yhteisön keskimääräinen jäsenkunta vieroksuu jo erottelevana käsitteenä "työikäisiä parkkiksia" siinä kun työikäisten oma toiminta saa kiitosta Facebook-ryhmässämme. Sukkuloin näissä erilaisissa, erihenkisissä ja eriarvoisuutta ilmentävissä virtuaalimaailmoissa ja kirjoitan, keskustelen ja joskus provosoin ja väittelen.

Joudun monesti selittämään, että nuorten ja työikäisten järjestäytyminen ei ole kotikutoinen ajatus, vaan seuraa muualla tapahtunutta kehitystä. Haenkin vahvistusta lukemalla muiden maiden Parkinson-liittojen sivuja, osallistun keskusteluun Parkinson's UK:n laajalla keskustelupalstalla. Samalla löydän kansainväliset järjestöt, jotka alkavat kiinnostaa.

Elokuussa Olivia-ryhmä järjestää perinteisen, niin saan tietää, Nuorten ja nuorenmielisten Parkinsonin tautia ja dystoniaa sairastavien tapaamisen, tänä vuonna Kaarinassa, Turun naapurissa. Perinne on alkanut itäisen ja pohjoisen Suomen yhdistyksissä ja kerhoissa ja vuosien varrella laajentunut muuhun Suomeen. Jottei dystonia unohtuisi, niin kuin se yksiltä unohtui, tapahtuma saa aikanaan nimen ParDy, jonka jatkeena on vuosi, esimerkiksi ParDy 2019.

Olen ilmoittautunut mukaan, mutta en saa lähdetyksi, tuntuu että Parkinson-osallistumista on kohta liian kanssa. Ei auta, että tilaisuuden järjestäjä soittaa ja pyytää tulemaan. Viikonlopun jälkeen Maisa kertoo innostavasti, kuinka koko porukka rokkasi yhdessä. Sitä kuunnellessa jo harmittaa, etten lähtenyt.

Teen loppukesällä yhdistykselle uudet verkkosivut, koska entiset ovat jääneet ilman päivitystä jo pari vuotta.

Syksyllä minut valitaan Uudenmaan Parkinson-yhdistyksen hallitukseen vuosiksi 2011–2012. Yhdistyksen uudeksi puheenjohtajaksi valitaan Anneli Vuoristo-Salonen. Yhdistyksen hallitus nimittää Heikki Teräväisen kunniapuheenjohtajaksi.

2011
Toimintaa ja tulevan petaamista

Vuosi 2011 on hulinavuosi, vilkkaan toiminnan vuosi. Työikäisten ryhmämme sisällä ja ympärillä tapahtuu paljon. Olen edelleen Helsingin yliopistossa töissä suunnittelijana, noin 60 % työajalla ja palkalla syksystä 2008 alkaen osatyökyvyttömyyseläkkeen vuoksi. Minun on mietittävä ajankäyttöä, koska Parkinson-riennot nielevät yhä enemmän aikaa.

Olen nyt yhdistyksen hallituksen jäsen ja liittokokousedustaja, lisäksi osallistun vierailevana asiantuntijana liiton työikäisten toimikunnan kokouksiin, jotka pidetään usein kevät- ja syysliittokokouksen yhteydessä. Myöhemmin minusta tulee toimikunnan jäsen.

Ryhmämme vuosi alkaa, kun tammikuussa suuri tilauslinja-auto pysähtyy lumisella ja jäisellä Paciuksenkaarella. Lumipenkalle hyppii toistakymmentä Olivia-ryhmän jäsentä, jotka ovat tarttuneet härkää sarvista ja lähteneet Turusta tutustumaan eteläisen Suomen lajitovereihin, niin kuin jotkut kutsuvat muita saman diagnoosin saaneita. Asettaudumme pöytien ääreen istumaan, tarjoamme pasteijoita, jotka on saatu sponsoroituina tuote-esittelyn nimissä.

Kummastakin ryhmästä on valmisteltu puheenvuoro. Olivian tarinaa kertoo Virpi. Meidän ryhmämme esityksen pitää Martti. Mikä muuttuu, kun sairastuu? Pohdimme yhdessä Martin kysymystä.

Kummankin puheenvuoron herättämä keskustelu tutustuttaa ja lähentää meitä toisiimme.

Samojen ihmisten kanssa vietämme tulevina vuosina hienoja hetkiä, laulamme karaokea ravintoloissa eri puolilla Suomea, risteilemme Ruotsiin ja takaisin, valvomme öitä ParDyn kokoamina liikuntakeskuksissa ja kongressihotelleissa. Ja jos kroppa jäykistyy tai liike hyytyy paikalleen, otamme lisää levodopalääkkeitä.

Helmikuussa olemme itse itsellemme ohjelmana, kerromme ja kuuntelemme kunkin kuulumiset ja tunnelmat.

Maaliskuussa isä ja poika Järvenpäästä vastaavat pullakahveista ja ohjelmasta. Pulla on pitkää ja paksua pitkoa, rakkaudella leivottu ja ostettu. Annan pullasta isälle erityistunnustuksen. Fysioterapeutti-poika kertoo liikunnan tärkeydestä. Saamme vinkkejä ja ohjeita. Asetelma on kiehtova. Kysymme, ohjaako hän myös isänsä liikuntaa, toimiiko tämän fysioterapeuttina. Ei niinkään, ymmärrämme.

Parkinson-liiton uusi aluetyöntekijä Jari Hartikainen osallistuu tapaamiseemme. Hänen yhtenä vastuualueena on työikäisten toiminta. Luontevasti hän on työikäisten toimikunnan sihteeri.

Alkuvuoden ohjelma rakentaa pohjaa huhtikuulle, joka on kansainvälinen Parkinson-kuukausi. Parkinson-viikolla Parkinson-päivänä 11.4.2011 Parkinson-liitto julkistaa syksyn ja talven aikana toimittamamme ja kirjoittamamme opasvihkosen Parkinson tulee töihin.

Opasvihkonen on syntynyt hitaasti ja useasti kirjoittaen ja muokaten Parkinson-yhteisön voimin. Olemme verkossa ja kokoontumisissamme kyselleet toiveita sisällöstä ja tyylistä, olemme pyytäneet eri alojen ihmisiltä omakohtaisia kertomuksia työelämästä Parkinsonin taudin varjossa tai valossa.

Parkinson-liitto tiedottaa opaskirjasesta tietysti Suomessa, mutta myös laajemmalti. Euroopan Parkinson-järjestöjä yhdistävä sateenvarjo-organisaatio EPDA (European Parkinson's Disease Association) julkaisee aikanaan englanninkielisen tiedotteen – mutta miksi? Se selviää kohta.

Työikäisten ryhmämme on antavana osapuolena samana päivänä myös Helsingin Sanomissa, jossa julkaisen mielipidekirjoituksen. Olen tosin jo pari vuotta aiemmin, joulun alla 2008, ollut Hesarin haastateltavana Ihmisiä tänään -sivulla. Silloin jutun kärki oli siinä, että Parkinsonin taudista huolimatta olin julkaissut kolme kirjaa kahdeksan kuukauden sisällä.

Nyt kärki on se, että tauti ei estä työntekoa, minkä tiivistän jo otsikkoon: "Parkinsonin tauti ei estä työntekoani. Järkytys on pysäyttävä, kun kesken parhaimpien työvuosien neurologi antaa diagnoosin Parkinsonin taudista. Itselleni tämä tapahtui reilu viisi vuotta sitten. Olin 48-vuotias. Järkytystä ja epätodellisuuden tunnetta lisäsi tietojen hankkiminen tästä etenevästä aivojenrappeumataudista ja liikehäiriösairaudesta, johon ei toistaiseksi tiedetä parannuskeinoa. Taudin pääoireet tunnistin omassa ruumiissani: vapina, lihasjäykkyys ja liikkeiden hitaus.

Diagnoosi on aina järkytys myös perheelle. Minkälaiseksi elämä muodostuu, kun toinen perheen tukipilareista on pitkäaikaissairas, ehkä jo piankin työkyvytön ja aikaa myöten avun tarpeessa? Puolison täyttää huoli ja hätä. Pitääkö omaa työuraa tekevän alkaa ajatella itseään omaishoitajana? Siihen eivät kaikki neli-viisikymppiset ole valmiita.

Myös työnantajalle ja työyhteisölle työntekijän sairastuminen on vähintäänkin kysymyksiä herättävä. Kuinka kauan työntekijä pystyy jatkamaan työssään? Onko avainhenkilöksi nimetty työntekijä vielä luotettava tiimin jäsen? Pitäisikö jo ruveta katselemaan seuraajaa?

Alkujärkytyksen jälkeen sairauteen sopeutuu. Sopeutuminen merkitsee realistisen kuvan muodostamista omista voimavaroista, mahdollisuuksista ja tulevaisuudesta. Myös työpaikalla tapahtuu sopeutumista, jos työntekijä pystyy jatkamaan töissä. Kaikki eivät pysty. Paljon riippuu työn luonteesta ja rasittavuudesta, onko työ esimerkiksi fyysistä voimaa tai sorminäppäryyttä vaativaa, jolloin se sopii huonosti Parkinsonin tautia sairastavalle. Myös lääkityksen sivuvaikutukset voivat haitata työntekoa. Noin puolet työikäisenä sairastuneista jää täysipäiväiselle eläkkeelle kahden vuoden kuluessa diagnoosista.

Erilaisin keinoin työuraa voidaan pidentää, jos työntekijän fyysinen ja psyykkinen kunto antavat myöten ja hänellä on haluja jatkaa töissä. Perustan luo riittävän tehokas lääkitys, mikä estää ennenaikaisen ryntäyksen pois työelämästä.

Yksi keino pidentää työuraa on osatyökyvyttömyyseläke, johon itse olen päätynyt. Samalla kun työaikani on lyhentynyt, työtaakkani on pienentynyt. Olen voinut jättää pois työtehtäviä, jotka aiheuttavat eniten kiirettä ja stressiä.

Työterveyshuollon rooli on myös merkittävä. Työterveyslääkäri seuraa vointiani ja työssä jaksamistani säännöllisin vastaanotoin. Neurologin puoleen käännyn, kun tunnen oireiden lisääntyvän ja lääkitykseni kaipaavan tarkistusta. Fyysistä työkuntoani ylläpidän terveyskeskuksen fysioterapian toimintakykyryhmässä.

Työssä jaksamistani on helpottanut myös vertaistuki, samassa tilanteessa olevien kanssakäyminen, ongelmien ja ilon aiheiden jakaminen. Eri puolilla Suomea työikäiset Parkinson-potilaat ovat alkaneet järjestäytyä ja pitää yhteyttä toisiinsa Facebookissa. Yhteisvoimin olemme tehneet Parkinsonin tautia sairastavan työikäisen oppaan Parkinson tulee töihin, jonka voi tulostaa Suomen Parkinson-liiton nettisivuilta.

Diagnoosin saamisen jälkeen tulevaisuudenkuvat normaalista elämästä romuttuivat. Niiden tilalle loihdin kärjistettyjä kuvia taudin myöhäisvaiheen avuttomuudesta, jähmettymisen ja pakkoliikkeiden vuorottelusta, elämisestä liikuntakyvyttömänä ja toisten autettavana. Kauhukuvat eivät ole toteutuneet viidessä vuodessa. Sen sijaan olen oppinut suhtautumaan tulevaan luottavaisemmin. Tautini etenee hitaasti, minulla on aikaa sopeutua väistämättömiin muutoksiin.

Parkinsonin tauti ei ole vielä estänyt työntekoani, se on pikemminkin tehnyt työstä entistä tärkeämpää. Työ rytmittää päivän ja viikon ja antaa merkitystä elämään. Työikäisen Parkinson-diagnoosin saajan tulisikin harkita rauhassa, millä panoksella ja missä tehtävissä voisi jatkaa työuraa ennen kuin siirtyy täydelle työkyvyttömyyseläkkeelle. Työnantajilta toivoisin joustavaa suhtautumista työtehtävien järjestelyyn. Kyseessä on kuitenkin molempien osapuolten etu."

Huhtikuulle mahtuu vielä luentoni elämäntarinan kirjoittamisesta, joka poikii idean koko syksyn mittaisesta kurssista OK-opintokeskuksen tuella.

Kurssi toteutuu vieläpä niin, että siltä jää plussaa yhdistyksen kassaan. Kurssille pääsee kymmenen yhdistyksen jäsentä. Ryhmä on hyvin työteliäs, ja meillä on viikko viikon jälkeen innostunut ja tunnepitoinen aamupäivä UPY:n toimistolla. Monista tulee hyviä ystäviä vuosiksi eteenpäin.

Toukokuussa retkeilemme Seurasaaressa. Kävelemme sauvoin tai ilman, pelaamme pelkkistä ja pukkaa, joita yhdistyksen liikuntavastaava on mukana meille opettamassa. Pelkkis ja pukka ovat muista peleistä sovellettuja pelejä, joita Parkinson-potilaan on helpompi pelata. Pelkkis on mailapeli, se muistuttaa tennistä. Entä mitä on pukka? Siinä heitellään nahkapalloja, painavia, ja toisin kuin nyt yleensä pelataan sisätiloissa. Taustalla on petankki-peli.

Pian istumme grillin ympärillä syömässä ja juomassa eväitämme, grillimakkaraa riittää niillekin, joilla ei sitä ole matkassa. Aivot saavat savua ja happea, minkä ansiosta muistaa taas ulkoilmaelämän tärkeyden paitsi ruumiinkunnon myös henkisen elämän kannalta.

Kaikki tähän mennessä tapahtunut ja edellä kerrottu käväisee mielessäni, kun samaisessa toukokuussa yhdistyksen hallituksen kokouksen jälkimietteissä tuijotan kahvikupin pohjaa ja saan ajatuksen. Kokouksessa on puhuttu, että yhdistys voisi toteuttaa Ray-rahoitteisen hankkeen. "Nyt mä sen keksin!"

Näen valmiina kuvana, miten kaikki Parkinson-pyrintöni luovat hankkeeksi sopivan kokonaisuuden. Kuvallistumisen lisäksi Parkinson työssä -hanke sanallistuu ensimmäisen kerran, kun kerron pöydän äärellä istuville ideani.

Verkkopalvelu. Tiedotusta. Koulutusta. Keskustelua. Työikäisten ryhmien tukemista eri puolilla maata.

Toukokuu on jo pitkällä, hakemus on jätettävä kuun loppuun mennessä.

Otan yhteyttä Parkinson-liittoon. Sovin toiminnanjohtajan kanssa, että liitto hakee hankerahoitusta, Uudenmaan Parkinson-yhdistys on yhteistyökumppani. Käytän yhden viikon kaiken vapaa-aikani hankesuunnitelmaan ja -hakemukseen. Lähetän luonnoksia ja versioita muutamalle luotetulle kommentteja varten. Perustan hankehakemukselle nettisivuston, jossa tiedotan hakemuksen jättämisen jälkeen suunnitelmieni etenemisestä. Olen luottavainen.

Elokuussa ryhmämme toiminta käynnistyy kesätauon jälkeen, kun liiton aluetyöntekijä Jari Hartikainen vie meidät, kymmenkunta ryhmän jäsentä, Vartiosaareen erään yhdistyksen mökille.

Vene lähtee Laajasalosta, minulle tutuista maisemista, sillä kävimme lapsuudenperheeni kanssa Laajasalon uimarannalle jo ennen kuin muutimme Laajasaloon, Herttoniemessä asuessamme. Niinpä on hauskaa ja mielenkiintoista laajentaa omia mieli- ja muistikuvia tällä veneretkellä.

Tuulee ja ripauttaa sadettakin, mutta sehän kuuluu retkitunnelmaan. Jarin vihjettä noudattaen vien kahvipaketin tuliaisiksi. Juomme kahvit, grillaamme makkaraa ja me miehet käymme saunassa.

Kesän ja syksyn taitteessa, elokuun lopulla, suuntaamme Rovaniemelle, jossa järjestetään – nykytermein – ParDy 2011. Maisan vuoden takainen Kaarinan kokoontumisen ylistys on yhä muistissamme. Lennän monen muun osallistujan kanssa, osa heistä Olivian jäseniä Turusta, Helsinki-Vantaan kentältä Rovaniemen kentälle, jossa isäntäkerhon väki on meitä vastassa henkilöautoilla. Jotkut tulevat junalla, jotkut linja-autolla.

Nuorten- ja nuorenmielisten tapahtuma näyttää suuren suvaitsevaisuutensa, kun yksi osallistuja osoittautuu yli 80-vuotiaaksi. Hän kertoo, että Kittilässä on niin vähän Parkinson-toimintaa, että tätä Rovaniemen viikonloppua ei voi ohittaa.

Olemme melko tyytyväisiä monipuoliseen ohjelmaan, johon sisältyy katkelma näytelmästä, joikua ja jutustelua, karaokeilta, Kemijoen risteily, tutustumista kaupunkiin sekä, Arktikumiin, näyttävään tiedekeskukseen ja museoon.

Kävelemme yli Jätkänkynttilän, vinoköysisillan, ja istumme terassilla joenpartaan ravintolassa, joka miltei tyhjänä odottaa asiakkaita ja esiintyjiä. Kun myöhemmin aletaan periä sisäänpääsymaksua, poistumme ja kävelemme Jätkänkynttilän yli takaisin hotellille. Karaokebaarissa laulan kappaleet "Se jokin sinulla on" ja "Tahdon rakastella sinua".

Viikonloppu on meille monessa mielessä tärkeä. Tutustumme toisiimme paremmin, lähennymme, alamme nähdä toisissamme paljon muuta kuin säännönmukaisissa kokouksissamme. Olemme rennompia, huumorintajui-sempia, ja huomaamme viihtyvämme yhdessä.

Tämä on tärkeä pohjavirta päätöksellemme kutsua nuo-risoporukat Helsinkiin kesän ja syksyn vaihteessa 2012. Loppukeskustelussa esitän kutsun Rovaniemen kokoontu-misen osallistujille, ja niin sitoudumme järjestämään seu-raavan nuorten ja nuorenmielisten tapaamisen.

Palaamme kotiin uusi missio mukanamme ja van-nomme tekevämme paremman ohjelman kuin juuri koke-mamme.

Kun syyskuussa ryhmämme kokoontuu Paciuksenkaa-rella, kesän kuulumisten vaihtamisen ja loppukesän Vartio-saaren ja Rovaniemen retkien kokemusten kertaamisen li-säksi puhumme jo tulevasta vuodesta, jolle näyttää kerty-vän ohjelmaa, kunhan hanke saa rahoituksen ja nuorten tapaamisen suunnittelu tuulta purjeisiinsa.

Ennen joulua saammekin tiedon, että Ray esittää valtio-neuvostolle rahoituksen myöntämistä hankehakemuksel-leni, päätös tehdään helmikuussa.

Myös nuorten ja nuorenmielisten tapaamisen suunnit-telu ja ennakkomarkkinointi käynnistyvät lupaavasti.

Teemme syyskuun loppupuolella vastavierailun Turkuun. Emme vuokraa linja-autoa vaan matkustamme junalla ja henkilöautoilla.

Olivia-ryhmä on laatinut viikonlopuksi runsaan ja mie-lenkiintoisen ohjelman: tutustumiskierros Erityisosaamis-keskus Suvituulessa, urkumusiikkia Mikaelin kirkossa, illal-linen Enkeli-ravintolassa, myöhemmin maun mukaan tans-sia, karaokea tai muuta perjantai-illan huvitusta, ja lauan-taina aamupäivällä Logomon Tuli on irti -näyttely ennen lounasta sivukadun kuppilassa lähellä rautatieasemaa, minkä jälkeen siirrymme junalle ja palaamme iloisilla mielin kotiin.

Parkinson tulee töihin -opasvihkonen käännetään englanniksi kesän aikana. Ryhmämme jäsenen sukulainen tekee käännöksen vapaaehtoisvoimin. Liitto ottaa englanninkielisestä versiosta pienen painoksen.

Lennän lokakuun toiseksi viikonlopuksi Lontooseen, jossa EPDA (European Parkinson's Disease Association) pitää työpajan ja vuosittaisen tapaamisensa jäsenjärjestöilleen. Olen ainoa Suomesta, ja lisäksi olen sopinut edustavani Viron liittoa mahdollisissa äänestyksissä.

Päätehtäväni on kertoa työpajassa opasvihkosen tekemisestä. Painotan vapaaehtoisuutta, ja viikonlopun aikana opin, että vapaehtoisuus on normina monissa maissa, joissa järjestöt eivät saa vastaavaa yhteiskunnallista tukea kuin Suomessa.

Tutustun Euroopan Parkinson-järjestöjen sateenvarjo-organisaation keskeisiin toimi- ja vastuuhenkilöihin. Kansainvälinen kumppanuus osaltani alkaa siis alkaa jo varhain, ennen kuin työikäisten ryhmämme edes muuttuu työikäisten Oiva-kerhoksi.

Kirjoitamme tiedotteen julkaistavaksi EPDA:n uutisissa: "Suomen Parkinson-liitto – The Finnish Parkinson's Disease Association has published in English a new guide called 'Parkinson's goes to work – Guide for people with Parkinson's disease of working age'. It was originally published in Finnish on the world Parkinson Day 11th of April 2011.

The aim of the guide is to inform employers and working communities of the true nature of Parkinson's. It helps employers to understand how to arrange and ease the tasks of people with Parkinson's who want to continue working. The guide also gives advices how to preserve the remaining capacity to work. For the employers it is also useful to know what kind of support the Finnish social security system has to offer for the process of adaptation.

What makes the new booklet very interesting and special is that the writers and the translator have participated in the writing process on voluntary basis. Mr. Tapani Mauranen and Mr. Timo Montonen are the main writers and they have carried out the project from idea to finish. They have raised awareness in the social media among other Parkinson actives. They used the help of social media to get good ideas and to edit the text as suitable as possible. The style of the guide is both familiar and influential. Our editor in chief Mrs. Arja Pasila has edited the guide and supervised the project.

As a background you should know that the Finnish Parkinson's Disease Association has during the last years paid attention to the situation of people with Parkinson's who are still working. We have set up a committee which has organised local meetings of these people around Finland and encouraged them to network nationally. Local and national activity offers an opportunity to take part in shared action and to have an effect on social discussion. The main purpose is to raise awareness of the situation of this specific group of people with Parkinson's."

Yhteistyö EPDA:n kanssa jatkuu tästä eteenpäin monenlaisissa tiedotus- ja vaikuttamistehtävissä. Käytän sosiaalista mediaa ja sähköpostikontaktejani edistääkseni monia EPDA:n ajamia asioita, esimerkiksi Euroopan laajuista kyselytutkimusta maakohtaisista hoitokäytännöistä. Kansainvälinen ulottuvuus on osa arkeani läpi seuraavien vuosien.

Lokakuussa kokoontumisemme aiheena on ryhmän tarkoituksen miettiminen. Onko se jotain sellaista, että keskinäisen viihtymisemme lisäksi me eri tavoin rakennamme tietoisuutta vallitsevasta tilanteesta, siitä miten työikäisten Parkinsonin tautia sairastavien asiat ovat? Ja tämän tietoisuuden pohjalta yritämme vaikuttaa, suorastaan opettaa työyhteisöille ja työnantajille, että Parkinsonin tautia sairastava voi sopivien ratkaisujen kanssa (osa-aikaisuus, työtehtävien valikointi, työpari...) jatkaa töissä diagnoosin jälkeen?

Tämä ajatus on laatimamme opasvihkosen ydinsanoma. Sama ajatus on myös pohjustamassa päätöstämme perustaa oma kerho.

Kohta kaksi vuotta toiminut ryhmämme muuttuu täten yhdeksi yhdistyksemme virallisista kerhoista. Olen jo huhtikuussa tehnyt kyselyn, jonka tulokset puoltavat työikäisten ryhmämme muuttamista kerhoksi. Kerhon perustaminen tapahtuu lopulta marraskuussa, 8.11.2011.

Kerho saa nimekseen Oiva. Nimi on monimerkityksinen ja sukua Olivialle, kumarrus Turussa toimivan työikäisten Parkinson-ryhmän suuntaan.

Hyväksymme kerhon säännöt ja valitsemme johtokunnan: puheenjohtajaksi minut, varapuheenjohtajaksi Anun, sihteeriksi Martin, rahastonhoitajaksi Helenan ja kerhoemännäksi Marja-Leenan. Myöhemmin täydennämme johtokuntaa kulttuurivastaavalla, joksi ryhtyy Maisa.

Kerhon perustamisprosessin tukena meillä on Parkinson-liiton kerhotoiminnan käsikirja, opasmoniste, jonka ohjeiden mukaisesti etenemme. Olemme varmoja, että kerho luo uskottavuutta enemmän kuin ryhmä, että kerhoksi järjestäytyminen tuo mukanaan parempia mahdollisuuksia osallistua laajemminkin järjestöelämään.

Tulevina vuosina näemme Oivan jäseniä Uudenmaan Parkinson-yhdistyksen hallituksessa, yhdistyksen muiden kerhojen vastuutehtävissä, liittokokousedustajina, Suomen Parkinson-liiton hallituksessa – ja sparraamassa kerhoja, yhdistyksiä ja liittohallitusta.

Joulukuussa Vietämme pikkujoulut Maunulan majalla. Anu loihtii upeat tarjoilut. Järkytyksekseni näen, kuinka yksi kerhomme perustajajäsenistä kaatuu suorin jaloin puulattialle. Hänellä on Parkinsonin taudin vakavampi muoto, joka vie muutamassa vuodessa ensin liikuntakyvyn ja sitten hengen.

Vuosi 2011 numeroina: tilaisuuksissa 27 jäsentä ja lisäksi läheisiä, postituslistalla 35 nimeä.

II
VALTAKUNNALLINEN TOIMIJA

*Oiva on meidän vahva selkänojamme, se antaa meille voimaa,
tahtoa ja tarmoa suunnitella, järjestää ja toteuttaa.*

*Oiva näkyväksi toimijaksi Parkinson-kentällä
Suurtapahtuma kerää väkeä Vuosaareen
Frisbeegolf, keilaus, tanssi ja laulu
Hanke monessa mukana
#WPC2013*

2012
Kerhosta suurempiin haasteisiin

Uusi vuosi ja uudet kujeet, voisi sanoa lyhyesti, mutta jos vuoden alun tunnelmia hieman avaa, saamme näkyviin vasta pari kuukautta sitten, marraskuussa, nimen Oiva saaneen kerhomme toiminnan yhtäaikaisen tihentymisen ja laajentumisen. Tihentyminen on kerhon sisäistä yhteisöllisyyden tunteen lisääntymistä, jopa siihen mittaan, että alan kokea kerhon perheeksi, vaikka minulla on oma perhe kotona. Laajentuminen on yhä uusien yhteyksien ulottamista kerhon ulkopuolelle, muihin Parkinson-yhdistyksiin ja -kerhoihin. Olen vuoden 2012 Suomen Parkinson-liiton liittohallituksen varajäsen, mutta vuoden edetessä osallistun tiiviimmin liittohallituksen työskentelyyn, kun varsinainen jäsen ilmoittaa jäävänsä pois.

Vuosi alkaa toiveikkaasti, uudenlaisen tekemisen malttamattoman odotuksen tunteissa, onhan edessä kerhomme ensimmäinen kokonainen toimintavuosi yhdistyksen virallisena kerhona – eikä minkälainen tahansa toimintavuosi, vaan uusia avauksia tekevä, kunnianhimoinen ja haasteellinen vuosi työikäisten Parkinsonin tautia sairastavien elämänlaadun kohottamisessa.

Vuosaaressa kesän ja syksyn taitteessa järjestämämme Parkinson- ja dystonianuorison – ilman ikärajoja – tapaamisen suunnittelu ja markkinointi on hyvässä vauhdissa. Odotamme paikalle vähintään 60 ja enintään 100 osallistujaa. Budjetti on melkein 10 tuhatta euroa. Olemme jakaneet tehtäviä: ohjelman suunnittelu ja esiintyjien hankinta sekä yhteydenpito tapahtumapaikkaan ja majoitustilojen jakaminen (Anu), ilmoittautumisten vastaanotto (Maisa ja Helena), maksujen seuranta ja karhuaminen (Helena) ja markkinointi, joka on minun harteillani. Kirjoitan puffeja liiton ja yhdistyksen lehtiin. Lähetän tietoa tapahtumasta sähköpostilla suoraan yhdistyksiin ja kerhoihin.

Tammikuun kerhoillassa kerron kaksivuotisesta Parkinson työssä -hankkeesta, joka on saamassa rahoitusta Ray:lta. Olen kuullut, että Ray:n esitykset hyväksytään pääsääntöisesti sellaisenaan valtioneuvostossa. Niinpä helmikuun päätöstä odottaessamme voimme jo luottavaisin mielin suunnitella tulevaa, pohtia hankkeen merkitystä Oivan kannalta, keskustella kaikesta mitä asian tiimoilta tulee mieleen. Kerron, että hankkeeseen palkataan puolipäiväinen suunnittelija, jonka työn tueksi perustetaan ohjausryhmä.

Yhtenä uutena ideana olen keksinyt Perjantaikahvilan. Kerran kuussa olen tavattavissa aamupäivällä kello 10 keskustassa jossain kahvilassa, ensin Esplanadilla ja sitten Keskuskadulla.

Kokeilu onnistuu tyydyttävästi, aina kahville tulee joku tai muutama ihminen, useimmiten Maisa, ja mikä ilahduttavaa, aivan uusia tuttavuuksia, joilla on mielenkiintoisia ja huikeita tarinoita, ja sellaisia jotka eivät juurikaan ole osallistuneet iltatapaamisiin, esimerkiksi elämäntarinakurssilleni osallistuja.

Kerran jo luulen, että nyt ei tule ketään, ja juuri kun avaan Iltasanomat, minua lähestyy mies joka kysyy, olenko Timo. Mies kertoo lähteneensä töistä Tikkurilasta piipahtamaan Perjantaikahvilaamme. Artosta tulee kerhomme ahkera ja pitkäaikainen jäsen, jonka nimitän seuraavassa kerhoillassa kerhoisännäksi.

Perjantaikahvila toimii aikansa. Minun jälkeeni Perjantaikahvilaa pitää Maisa muutaman kerran, kunnes se lopetetaan. Perjantaikahvilan vaikutukset tuntuvat vielä loppukesällä, kun yksi siellä kerran käynyt henkilö lahjoittaa paljon laadukkaita tuotteita Vuosaaren tapaamisen arpajaispalkinnoiksi.

Kevään muu ohjelma painottuu tekemiseen ja liikuntaan. Helmikuussa järjestämme ystävänpäivänä keilailutapahtuman Talin keilahallissa. Markkinoimme tilaisuutta matalan kynnyksen mahdollisuutena – ei haittaa vaikka edellisestä keilauskerrasta olisi vuosikymmeniä, kuten itselläni on, tai vaikka ei olisi keilannut koskaan. Paikalle tuleekin yllättävän moni, meitä on yhteensä 16 neljällä radalla. Tunnelma on melkeinpä hilpeä, meillä on hauskaa uuden tai uudelleen löydetyn harrastuksen parissa. Huomaan erään uuden kerholaisen hymyilevän tyytyväisenä, tähän mennessä olen lähinnä nähnyt hänen itkeskelevän äskettäin saamaansa diagnoosia.

Tämä Oivan ensimmäinen keilailta on monella tapaa opettavainen sekä meille yksilöinä että kerhona. Niin hauskaa on, että olen varma keilauksen jatkumisesta osana kerhon ohjelmaa.

Maaliskuussa liikumme toisella tapaa, vierailemme nimittäin Itä-Helsingin Parkinson-kerhossa. Kerhotapaaminen on aivan erilainen kuin meillä Paciuksenkaarella. Nyt istumme suuressa seurakuntasalissa, pitkissä pöydissä, yhteydessä pikemminkin pöytänaapureihin kuin koko porukkaan. Ovesta katsoen vasemmalle perälle on katettu kahvit ja pullat – ja tämä kahvittelu tuntuu olevankin keskeinen yhteinen tekijä tapaamisessa. Virallinen osuus on siinä, kun kerhon puheenjohtaja esittelee muutaman ilmoitusasian ja sitten meidät. Me kerromme itsestämme ja Oivasta, mutta keskustelua ei juuri synny. Suuressa salissa olemme kaikki kaukana toisistamme.

Uusien jäsenten illassa huhtikuussa toivotamme tulokkaat tervetulleeksi kerhoon. Kerromme Oivasta ja myös omia tarinoitamme.

Uusien jäsenten ilta pitää oikeastaan järjestää vuoden aluksi, jolloin siihen osallistuville on luontevasti jatkossa tiedossa muutakin ohjelmaa seuraavien kuukausien aikana. Huhtikuuta sen sijaan seuraa pian kesätauko.

Odotan ilon ja kauhun tuntein toukokuuta, jolloin ohjelmassamme on frisbeegolf. Tällaisiin yllättäviin kuukausitapaamisten aiheisiin pääsemme, kun jaamme suunnitteluvastuuta. Toiminnan suunnittelusta vastuuta ottaminen sitouttaa jäseniä kerhoon.

Frisbeegolf on kuulemma hauskaa. Katson netistä ohjeita, tutkin pääkaupunkiseudun ratoja, ja niin tekee muutama muukin. Päädymme Munkkiniemen ulkoilupuistoon. Meitä on kuusi. Mukana on erilaisia heittovälineitä, pieniä lätkiä ja isoja laattoja.

Heittelymme on hupaisaa. Välillä kiekko lentää taaksepäin. Etenemme niin hitaasti, että välillä päästämme muita ohi. Talven jäljiltä maa on vielä märkää ja notkelmissa on upottavan vetistä ja vesilätäköitäkin. Vettymistä väistellen kuitenkin etenemme korilta toiselle ja pikkuhiljaa yhä taitavammin heitellen pääsemme kierroksen loppuun, vaikka jo pissattaa. Syömme vielä Munkkiniemessä kioskin terassilla jäätelöt ennen kotiinlähtöä.

Toisella kertaa, syksyllä, käymme pienemmällä porukalla heittämässä Siltamäessä, Suutarilan suunnalla.

Kesäkuussa Lasipalatsin kesäterassi kerää peräti 18 osallistujaa, vaikka sää on vähän sateinen. Mukana on moni sellainen, joka ei käy kerhoilloissa.

Joukko hajoaa, kun yritämme siirtyä Lasipalatsin sisätiloihin – meitä on aivan liian monta vapaisiin paikkoihin nähden. Jatkamme matkaa Mannerheimintien yli Sokoksen alakerran baariin. Juomat maistuvat ja juttua riittää.

Tämä on henkeä nostattava tilaisuus kiittää kuluneesta kevätkaudesta, ensimmäisestä virallisena kerhona, ja toivottaa kaikille hyvää kesän jatkoa.

Koska Oiva on työikäisten Parkinson-kerho, puheeksi tulee usein itse kunkin työtilanne ja ammatti. En aivan ymmärrä sellaista, jota joissain ryhmissä korostetaan, että tasa-arvoisuuden nimissä pyyhitään tittelit, ammatit ja pitkät urat unohduksiin aivan kuin niillä ei olisi mitään merkitystä. Niillä on merkitystä, niillä on suuri merkitys. Olemme vajavaisia, jos kiellämme taustamme. Ammattien kirjo on kerhon rikkaus, kun jäsenten osaamista otetaan kohtuullisesti käyttöön yhteiseksi hyväksi. Kenenkään kykyjä ja taitoja ei tarvitse eikä pidä piilotella. Vapaaehtoistyössä voimme jatkaa ammatillista pätemistä ilman työsuhdetta.

Tapaamme silloin tällöin Tapanin kanssa Helsingin keskustan kahviloissa. Opasvihkosen tekeminen on lähentänyt meitä. Puhumme taudin vaikutuksesta elämäämme ja työntekoomme. Meitä yhdistää kiinnostus menneeseen, niin yksilön kuin yhteisöjen historiaan, ja erityisesti muistelutoiminnan merkitys ihmisille. Käymme Turussa Suvituulessa kertomassa ajatuksistamme Parkinson-liiton väelle.

Niinpä ei ole suuri yllätys, että toukokuussa 2012 olemme täyttämässä Parkinson-liiton kanssa muisteluun liittyvää hankerahoitushakemusta Ray:lle. Projektin tarpeellisuutta perustelemme niin yksilöiden kuin yhteisöjen hyödyllä: "Muistelemalla henkistä hyvinvointia -projekti pitää toteuttaa siksi, että yhä kiihtyvämmin kehittyvässä maailmassa eletty elämä uhkaa jäädä unholaan muutosten ja informaatiotulvan vuoksi. Tämä uhka koskee erityisesti etenevää parantumatonta sairautta kuten Parkinsonin tautia sairastavia, joiden huomio saattaa kiinnittyä jokapäiväiseen selviytymiseen erilaisten oireiden pahentuessa ja sairauden edetessä.

Suomen Parkinson-liitto haluaa saada Parkinson-väen muistamaan elämää sekä ennen että jälkeen diagnoosin. Projektissa ponnistetaan Parkinsonin tautia sairastavan yksilön ja hänen läheistensä tarinoista ja noustaan Parkinson-yhteisöllisyyden kuvauksiin.

Projekti liittyy Suomen Parkinson-liiton lähestyvään 30-vuotisjuhlavuoteen (2014), jolloin julkaistaan projektin päätuotos, muisteluaineistosta koottava juhlakirja, joka antaa laajan ja syvällisen kuvan Parkinsonin tautiin sairastuneiden elämästä ja kokemuksista.

Projekti on tärkeää toteuttaa monelta tasolta katsottuna. Yksilötasolla muistelu on mielekästä ja elämänkokemuksen arvokkuutta lisäävää toimintaa. Projektin keskeinen idea on yleinen havainto, että muistelu joko yksin kirjoittamalla tai yhdessä muiden kanssa kirjoittaen ja keskustellen jäsentää omaa elämäntarinaa, lisää elämän mielekkyyden kokemusta ja antaa eväitä henkisen hyvinvoinnin kohentamiseen. Vaikeistakin elämänvaiheista voi kirjoittamalla luoda elämää kannattelevia ja itseymmärrystä lisääviä tarinoita.

Parkinson-kerhojen tasolla yhdessä muisteleminen ohjatussa muisteluryhmässä on vähintään yhtä tärkeää toimintaa kuin vaivojen valittelu tai päiväkohtaisen uutisoinnin kommentointi. Aktiivinen muistelu virkistää ja toimii sosiaalisen yhteisyyden tunteen luojana, kun elämänkokemuksia jaetaan ja vertaillaan. Kun muistelussa on mukana kirjoittaminen ja tavoitteellisuus, tuloksena syntyy elämäntarinoita, jotka säilyvät jälkipolville ja rakentavat näin siltaa eri sukupolvien välille.

Parkinson-yhdistysten ja Suomen Parkinson-liiton järjestöhistoria saa eläviä, todistusvoimaisia kuvauksia, kun muistelun piiriin otetaan tehty vapaaehtoistyö sekä annettu ja saatu vertaistuki. Parkinson-yhteisöissä toimiminen on monille kuin toinen työura, erittäin tärkeä elämän merkityksellisyyden antaja. Tämän vapaaehtoistyön kokemuksellisuuden dokumentointi tarinoiden muodossa on arvokasta kulttuurihistoriaa."

Kuvaan hankehakemukseen projektiin palkattavan suunnittelijan osaamisvaatimukset sellaisiksi, että saatan kuvitella ryhtyväni itse tuohon pestiin. Suurimittaisena ajatuksena on kouluttaa Parkinson-kerhoihin muisteluryhmien vetäjiä ja sitten ohjattujen ryhmien avulla paneutua paikalliseen ja yhteisölliseen muisteluun. Tapanin rooli on laatia muistitiedon keräämisen avuksi kysymyssarja.

Hanke ei saa hakemaansa Ray-rahoitusta, mutta ajatusta Parkinson-muistitiedon keräämisestä emme hautaa. Seuraavassa vaiheessa Tapani on keskiössä ideoimassa Pitkät vuodet -muistitietokeräystä Parkinsonin taudista.

Keräys toteutetaan seuraavan vuoden maaliskuusta alkaen 11 kuukauden ajan eli 1.3.2013–31.1.2014 Suomalaisen Kirjallisuuden Seuran kansanrunousarkiston ja Suomen Parkinson-liiton yhteistyönä. Tulokseksi saadaan aikanaan 600 sivua Parkinsonin tautiin liittyvää muisteluaineistoa, jonka pohjalta on tarkoitus tehdä julkaisu. Liitto hakee edelleen tätä kirjottaessani, reilu neljä vuotta keräyksen päättymisen jälkeen, rahoitusta aineiston tutkimiseen ja julkaisun kirjoittamiseen.

Nuorten ja nuorenmielisten loppukesän tapaaminen Vuosaaressa on menestys. Maisa kirjoittaa ja minä täydentäen toimitan kolmesta ikimuistoisesta päivästä pitkän kuvauksen Parkinson-postia-lehteen: "Tänä vuonna valtakunnallisen tapaamisen Parkinsonin tautia tai dystoniaa sairastaville nuorille ja nuorenmielisille järjesti Uudenmaan Parkinson-yhdistyksen (UPY) työikäisten Oiva-kerho. Viime vuonna vastaava tilaisuus oli Rovaniemellä. Aloitimme valmistelut jo noin vuosi ennen tapahtumaa, heti Rovaniemeltä kotiuduttuamme. Valitsimme yksimielisesti Anun johtamaan tapahtuman suunnittelua. Jaoimme tehtävät keskenämme.

Pohdimme, minkälaisen tilaisuuden haluamme järjestää ja missä miljöössä. 'Iloa yhdessä' tuli tapahtuman teemaksi. Sillä halusimme korostaa yhdessäoloa hauskassa seurassa, ilon ja vapauden kokemista arkisten huolten vastapainoksi. Mietimme olisiko paikkana Helsingin keskusta vai reuna-alueet tai naapurikaupungit. Halusimme, että porukka pysyisi koossa tapahtuman ajan, siksi hylkäsimme Helsingin keskustan, joka olisi saattanut houkutella omille teille. Varasimme jo lokakuussa 2011 Helsingin Vuosaaresta kokoushotelli Rantapuiston, joka sijaitsee kauniilla paikalla meren rannalla.

Pikkuhiljaa alkoi myös markkinointi, ensin sosiaalisessa mediassa kuten Parkkispaikalla ja työikäisten Facebook-ryhmässä, sitten Parkinson-liiton ja UPY:n lehdissä sekä sähköpostimarkkinointina suoraan liiton jäsenyhdistyksiin ja niiden kerhoihin.

Haimme ja saimme taloudellista tukea Parkinson-liitolta, UPY:ltä ja Parkinson työssä -hankkeelta, minkä vuoksi kaikkia ohjelmakuluja ei tarvinnut sisällyttää ohjelmakuluihin.

Pitkän odotuksen ja valmistelujen jälkeen lähestyi elokuun viimeinen viikonloppu ja tapaamisen aika. Ilmoittautujia oli mukavasti. Tavoitteeksemme olimme asettaneet vähintään 60 osallistujaa ja enintään 100. Saimme olla tyytyväisiä, kun tapahtumaan oli ilmoittautunut 80 henkilöä.

Koitti perjantai ja valmistauduimme viikonlopun viettoa varten. Jo ennen kello kahta alkoi vieraitamme vyöryä sisään. Hotellin aulassa oli vastaanottotiskimme, jossa toivotimme vierailijat tervetulleiksi, merkitsimme muistiin saapuneet ja annoimme nimikyltin sekä ohjasimme eteenpäin saamaan huonetta. Huoneissa oli muuten yllätys odottamassa, pieni paperikassillinen sponsoriltamme saamia evästuotteita. Vieraita vastaanottaessamme kohtasimme ennen tapaamiamme ystäviä ja nettituttuja sekä saimme tutustua aivan uusiin ystäviin, joista monen kanssa olimme ilmoittautumisvaiheessa jutelleet puhelimessa.

Kun sitten olimme majoittuneet, ruokailimme. Pöydissä saattoi aterioinnin ohessa tutustua uusiin kasvoihin ja kysellä, mistä päin itse kukin oli tullut. Hetken lepotauon jälkeen oli Kellariravintolassa tervetuloa-tilaisuus, jossa muun muassa tarinateatteri Tässä esitti pieniä kertomuksia vieraidemme antamista aiheista. Yhdestä lauseesta he rakensivat mahtavia esityksiä.

Karaoken jälkeen Dj Nite soitti menevää musiikkia. Miten ihanaa olikaan katsella iloisia ihmisiä tanssilattialla. Itsekin innostuimme nuoruuden aikaisesta musiikista ja osa meistä oli parketilla lähes koko illan. Ilta oli rentouttava. Lopuksi vielä karaokea ja sitten nukkumaan.

Lauantaiaamu valkeni pilvisenä. Aamukävely meren rantaan kertoi, että merellä kävi aika tuuli ja aallokko loiski. Aamupalan jälkeen Annukka Blom Onnellisuusopistosta laittoi porukan nauramaan naurujoogassa. Vesibussiristeily hurahti käyntiin laivan keinuessa laineiden tahdissa. Kierisimme Vuosaari – Jollas – Laajasalo – Villinki -alueella noin kahden tunnin ajan. Sää ei suosinut meitä. Sataa tihuutti ja keinutti jonkin verran. Se ei kuitenkaan haitannut yhdessäoloamme, juttu luisti ja taas tuli uusia tuttavuuksia sekä kuuli erilaisia mielipiteitä asioista. Matkan aikana projektisuunnittelija Anna-Maria Salonen kertoi Parkinson työssä -hankkeesta. Merimatkan jälkeen maistui keittolounas. UPY:n puheenjohtaja tuli tervehtimään meitä ja piti pienen puheen, joka haki innoitusta Oiva-kerhon nimestä. Saimme nauttia rantasaunassa saunan lämmöstä, jotkut pulahtivat tuulesta piittaamatta mereen. Saunottuamme nautimme maittavan illallisen kokoushotellin juhlatilassa.

Iltaohjelmaa varten siirryimme jälleen Kellariravintolaan. Trubaduuri Matti Reittamo lauloi Stadista ja skitareiden jallittamisesta ja niin illan ohjelma pyrähti käyntiin. Värikäs sambaryhmä *Forca des Lobas* esitti vauhdikasta tanssia, jota oli ilo katsella. Olimme istuneet paikoillamme, mutta nyt pääsimme mukaan esiintymään itse kukin, kun teimme Sinikka Putkosen ohjaamina reipasta ja hauskaa käsileikkiä kärpäsen matkatarinasta. Illan yksi kohokohta oli, Heidi Herala esitti monologikatkelmia Sinikka Nopolan teoksesta Terästettyä naista ja anjovista. Tanssiorkesteri Big Bäng soitteli pitkin iltaa ja myöhemmin illalla tanssimusiikkia.

Karaoke jatkui kello kahteen asti ja laulajia riitti. Meidän järjestäjien mielestä lauantaipäivä ja ilta menivät mukavasti. Mekin olimme rentoja ja hyväntuulisia, mistä kertoo, että Timo vetäisi karaokessa kunnon lavashow`n Hurriganesin kappaleella *Roadrunner*. Lopuksi kaikki paikalla olijat esittivät kuorossa Jukka Kuoppamäen 70-vuotispäivän kunniaksi ja yhteisyyden sinetiksi laulun 'Sininen ja valkoinen'. Yöunet jäivät vähiin, mutta vanhojen ja uusien ystävien kanssa vietetty aika korvasi menetetyn unen.

Niin saapui sunnuntai, halausten ja kyynelten aika. Ennen kotiinlähtöä Juhani Töytäri Positiivareista kertoili tarinaansa positiivisuudesta ja ajatusten aamiaisesta. Lopuksi vieraamme lauloivat 'Kiitoslaulun', johon turkulainen ystävämme oli yötä myöten kirjoittanut sanat. Oli aika pakata vanha pieni bingokone, jolla jokainen oli saanut viikonlopun aikana itse pyörittää arpanumeronsa ja olla oma onnettarensa.

Jatkakaamme perinteeksi tullutta tapahtumaa. Koemme tämän vuotuisen tapahtuman tärkeäksi. Saamme vaihtaa mielipiteitä sairauteen liittyvistä asioista, nähdä ystäviä eri puolilta Suomea ja nauttia mukavasta viikonlopusta. Teimme yhdessä miellyttävän ja hauskan viikonlopun. Oiva-kerho kiittää kaikkia osallistujia ja niitä jotka olivat hengessä mukana."

Parkinson työssä -hanke laajentaa vuorovaikutteista, tavoitetietoista, luovaa oivalaisuutta valtakunnallisiin mittoihin. Hanke on monen toimijan yhteistyökuvio, mutta keskiössä ovat Oivan piirissä syntyneet yhteisölliset ja keskustelulliset ideat, joita kehitän edelleen kirjoittajakouluttajan ja kirjailijan töiden tuomalla kokemuksella.

Hankkeen ensimmäinen vuosi on kalenterivuotta lyhyempi, koska työhön päästään kunnolla käsiksi vasta virallisen rahoituspäätöksen jälkeen. Keväällä palkataan hankkeen osa-aikainen projektisuunnittelija, UPY:n toimistosihteerinä tähän asti työskennellyt, yliopisto-opintojensa loppusuoralla oleva Anna-Maria Salonen, sekä nimetään ohjausryhmä, jonka puheenjohtaja olen.

Pyydän ohjausryhmään ihmisiä, joiden ajattelen rakentavasti edistävän hankkeen tavoitteita. Kokenut verkkohankkeiden toteuttaja Anne Karkulahti tulee Helsingin yliopistosta. Työikäisten toimikunnan puheenjohtaja Teuvo V. on tärkeä jäsen ohjausryhmässä, hän pitää huolen Suomen pohjoisen alueen äänen kuulumisesta. Oivasta ohjausryhmässä on lisäkseni Martti. Parkinson-liitto nimeää omat edustajansa. Yllättäen turkulaiset ilmoittavat valinneensa ohjausryhmään henkilön, jolla on heidän mukaansa paljon kokemusta hankkeista. Hämmästyn kovin, ensinnäkin koska en ole pyytänyt heiltä ehdokasta, ja toiseksi koska en ole yrityksistäni huolimatta saanut tähän henkilöön luontevaa kontaktia. Keskustelun alut loppuvat tervehtimiseen. Päätökseni on pitää turkulaiset ulkona ohjausryhmästä, vaikka se iskee pienen särön väleihimme. Käytännössä tämä näkyy heidän vähäisessä osallistumisessa hankkeen tapahtumiin.

Järjestämme kevään ja kesän taitteessa tarjouskilpailun hankkeen näyteikkunan eli verkkopalvelun toteutuksesta.

Verkkopalvelu avautuu lokakuussa. Verkkopalvelu tarjoaa tietoa, vertaiskokemuksia ja vuorovaikutteisuutta. Blogikirjoitusten pohjalta syntyy hyödyllisiä keskusteluja.

Oiva jatkaa niin antavana kuin saavana osapuolena myös hankkeen kohderyhmää osallistavassa toiminnassa, blogin kirjoittamisen viikonloppukursseilla ja muiden hankkeen tapahtumien yhteydessä. Ensimmäinen blogin kirjoittamisen koulutus on lokakuussa Helsingissä. Lauantain kouluttajana on toimittaja Soila Ojanen Porista, minä opetan sunnuntaina. Kirjoittajakoulutus tähtää osallistujien rohkeuden ja taitojen lisäämiseen niin että he pystyvät kirjoittamaan blogia sekä keskustelemaan rakentavasti hankkeen verkkopalvelussa. Moni Oivan jäsen alkaakin kirjoittamaan blogia.

Oivan toiminnassa hanke näkyy muun muassa loppukesän Vuosaaren tapahtumassa. Vuosaaresta mieleen jää uuden tuttavuuden Matin herramiesmäisyys. Kun menemme rantasaunaan ja käy ilmi, ettei siellä ole saunaolutta valmiiksi, Matti käy ostamassa useita pulloja eikä vain itselleen. Matti kopauttaa minua olkapäähän. Hän haluaa täsmentää tapahtumia: "Vuosaaressa kävi juuri kuten mainitsit, saunaosastolla olutta tai lonkeroa ei tosiaankaan ollut saatavilla. Muistaakseni kuitenkin kysäisin, moniko on kiinnostunut moisista saunajuomista ja tiedot saatuani ryhdyin toimeen. Ja muistaakseni osa saunojista halusi välttämättä maksaa omat juomansa; että ottaisin tarjotut eurot vaikkapa edes hakupalkaksi, joten täytyihän näihin pyyntöihin suostua." Joka tapauksessa Matti on reilu mies, joka myöhemmin ansioituu 4 mailin kaupunkijuoksun reitin suunnittelijana.

Hanke järjestää yhdistyksen toimistolla ensimmäisen toimintavuoden päättävän glögi-illan, josta raportoimme samanaikaisesti Parkinson työssä -verkkopalveluun.

Oivan varsinaista pikkujoulujuhlaa vietämme täydessä Kaksi kanaa -ravintolassa Katajanokalla. Illan esiintyjänä on Jope Ruonansuu. Seurueemme istuu pitkässä pöydässä. Tarjoilija kumauttaa minua lautasella päähän. Sama tapahtuu viereisessä pöydässä. Meitä naurattaa. Joidenkin mielestä parasta Jope Ite -showssa on junan puhkumisen matkiminen.

Oivan muuta syyskauden ohjelmaa on muun muassa fysioterapeutin luento.

Vuoden 2012 lopussa Oivan jäsenmäärä on yli 50. Vuoden 2012 aikana käy kaikkiaan 40 henkilöä Oivan tapahtumissa, kun Vuosaaren tapaamista ja Parkinson työssä -hanketta ei lasketa mukaan. Ne mukaan lukien tapahtumiin osallistuvien määrä nousee yli sadan.

2013
Laulua ja liikettä

Toivotamme heti tammikuussa uudet jäsenet tervetulleiksi kerhoomme viisastuneina edellisestä uusien jäsenten illasta, joka oli huhtikuussa. Näin uudet pääsevät heti mukaan aktiiviseen toimintaan ilman kesän tuomaa taukoa. Aloitamme keilailun joka toinen torstai Talissa. Siellä vuorotellen keilapalloa heitellessä uudet jäsenet tulevat nopeasti tutuksi. Houkuttelen myös vanhemman veljeni keilaamaan; hän on aiemmin tavannut parkkisystäviäni kirjojeni julkistamistilaisuudessa, ja muistan kuinka hän hieman yllättyneenä sanoi, että nehän ovat ihan mukavia ihmisiä.

Kevään kuukausitapaamiset ovat kerhon jäsenten suunnittelemia. Osallistan heitä. Tavoitteena on saada monipuolista ohjelmaa ilman että minun täytyisi sitä keksiä.

Helmikuussa vierailija Espoon kerhosta kertoo meille omasta taudistaan ja sen eri vaiheista sekä lääkityksestä. Hän esittelee uuden dopamiinipumppunsa ja havainnollistaa sen käyttämistä. Kaikilta pääsee nauru, kun hän tempaisee paidan ylös ja tokaisee: "Oottehan te nähnyt navan ennenkin."

Hiihto on vuorossa koulujen talviloman aikoihin helmikuussa. Martti lupaa huoltaa suksia. Maisa kirjoittaa muistiinpanoihinsa, että huolto ei saa kannatusta. Ei tätä näin voi ohittaa. Minä menen suksieni ja sauvojeni kanssa Martille, hän jopa hakee minut kotoa. Katson vierestä, kun Martti hioo ja vahaa sukseni. Lähdemme ladulle. Edellisestä hiihtokerrasta on vajaa 10 vuotta, sitä edellisestä 20 vuotta. Meno on tasaisellakin huojuvaa. Loivassa, hyvin loivassa mäessä pyllähdän hankeen. Olen siirtynyt ladulta sivuun ja uppoan lumeen. Tarvitsen Martin vetämään minut ylös. Hiihdämme vielä vähän matkaa ja sitten palaamme. Olen hiestä märkä.

Maaliskuussa saamme puheterapeutin vieraaksemme – melkein. Hän sairastuu, mutta harjoitteet ovat tuttuja Anulle. Kuin kinkereillä! Hän luetuttaa meillä ääneen kirjainäännähdyksiä, lauseita, loruja, rimpsuja. Olemme uskomattoman hyviä oppilaita! Kaikki saavat naimaluvan.

Huhtikuussa Oiva osallistuu ennakkoluulottomasti pukkakilpailuun. Puolet pelaajista näkee nyt ensimmäistä kertaa koko pelin! Joukkueena on Kaarina, Maisa, Pertti ja Keijo. Menestys ei mairittele, mutta jostain on aloitettava.

Muuta loppukevään ohjelmaa on Aikuisten muskari, joka on mielestämme hauska kokemus. Anu käy Malmilla tässä ryhmässä, ja hän sopii meille oman esittelykerran, jolla pääsemme kokeilemaan erilaisia laulutapoja ja musisointimahdollisuuksia.

Valtakunnallista toimijuutta edustavat Oivan lähettiläinä Anu ja Maisa, jotka käyvät Porvoossa ja Lahdessa kertomassa kerhostamme. Anu on tehnyt hienon diaesityksen, joka sisältää tiiviissä muodossa olennaisen Oivan tavoitteista ja toiminnasta.

Uudenmaan Parkinson-yhdistyksen 25-vuotisjuhlaan osallistuu Oivasta kolme henkilöä.

Aikaani vie tänä vuonna oman työn lisäksi yhä enemmän Parkinson työssä -hanke, jonka ohjausryhmän puheenjohtajana toimin kuin toisena projektisuunnittelijana siihen työhön palkatun Anna-Marian rinnalla. Olemme tiiviisti yhteydessä sähköpostitse ja puhelimitse, ja tarvittaessa käyn Paciuksenkaaren toimistolla, jossa on Anna-Marian työpiste. Kevätkaudella on kaksi suuritöistä tapahtumaa: seminaari Helsingissä ja liikunnallinen viikonloppu Turussa. Lisäksi hanke järjestää kaksipäiväisen kirjoittajakoulutuksen.

Parkinson ja työelämä -seminaari pidetään 21. maaliskuuta Helsingissä, Postitalossa ravintola Pääpostin auditoriossa, jonka olemme vuokranneet hankkeen rahoituksella. On oma työnsä etsiä keskustasta sijainniltaan ja kooltaan sopiva auditorio seminaaria varten, mutta ratkaisua helpottaa se, että olen ollut Postitalossa liittohallituksen kokouksessa. Aamuyhdeksästä iltapäivän kello neljään kestävän seminaarin kohderyhminä ovat työterveyslääkärit, työterveyshoitajat, TE-keskusten työntekijät, työnantajat ja työikäiset Parkinsonin tautia sairastavat sekä muut asiasta kiinnostuneet. Seminaari on maksuton. Seminaariin osallistuu runsaasti Oivan jäseniä, mutta myös muuta yleisöä niin paljon, että tunnemme kuinka ammatillinen ja kokemuksellinen asiantuntijuus ympäröi meitä ja laajentaa näkymiämme sekä luennoissa että niitä seuraavissa keskusteluissa.

Projektisuunnittelija Anna-Maria Salonen avaa seminaarin ja sen jälkeen seuraa luento toinen toisensa perään. Luennoitsijat edustavat monenlaisia organisaatioita. Mitä on Parkinsonin tauti? Miten Parkinsonin tauti vaikuttaa työkykyyn? Työntekijän ja työnantajan näkökulma. Ammatillinen kuntoutus. Työergonomia ja apuvälineet. Haasteet ja jaksaminen, miten tukea yksilöä ja työyhteisöä. Aivoterveys ja muisti työikäisillä-hanke. Kelan vammaisetuudet ja kuntoutus. Voiko Parkinsonin tauti johtaa potkuihin?

Pitkä päivä, painavaa asiaa, mutta seminaari vähintäänkin täyttää ellei ylitä sille asettamamme tavoitteet. Erityisen ilahtuneita olemme yleisön puheenvuoroista ja kommenteista, jotka laajentavat, syventävät ja kiinnittävät arkitodellisuuteen luennoitsijoiden esiin tuomia asiasisältöjä.

Huhtikuussa Oivasta osallistuu useita henkilöitä hankkeen järjestämään liikunnalliseen Uusin voimin työviikkoon -viikonloppuun, jonka toteutuksen ostamme Parkinson-liiton Erityisosaamiskeskus Suvituulesta.

Suvituulen KELA-rahoitteiset kuntoutuskurssit ovat päättyneet, koska kilpailutuksessa liiton resursseiltaan ylimitoitettu tarjous ei menestynyt. Tuntuu hyvältä olla Turussa työllistämässä ja tukemassa liiton kuntoutusta, varsinkin kun olen puoli vuotta sitten ollut liittohallituksessa päättämässä kuntoutustoiminnan supistamisesta ja patistamassa uusien myytävien kuntoutustuotteiden kehittämiseen. Kärjistäen: liittohallituksen tuolloisista jäsenistä ainakin yksi tuo rahaa kuntoutuksen kautta liiton kassaan.

Koolla on suuri ryhmä (28 osallistujaa), mutta ohjelma etenee kurinalaisesti. Meillä on yhtä aikaa sopivan rankkaa ja hauskaa. Osallistujille viikonloppu perjantaista sunnuntaihin on täysin maksuton – majoitus, ruokailu, ohjelma. Matkat korvataan, joten paikalle voi tulla kuluitta eri puolilta Suomea. Niinpä osallistujien osoitteissa on parikymmentä paikkakuntaa, ja vain Helsingistä, Turusta, Salosta,

Espoosta ja Lahdesta on enemmän kuin yksi tulija. Uusin voimin työviikkoon -viikonloppu on menestys! Siitä jää hyvää mieltä pitkäksi aikaa, ja se todella lataa osallistujat uusiin voimiin seuraavaa työviikkoa varten ja vielä pidemmälle.

Toukokuussa on toisen kerran kirjoittajakoulutus Helsingissä. Nyt lauantaina on kouluttajana kirjailija Ranya Paasonen, minä hoidan taas sunnuntain. Omaan osuuteeni kuuluu myös hankkeen verkkopalvelun esitteleminen ja uusien blogin kirjoittajien värvääminen. Nämä kirjoittajakoulutuksetkin ovat osallistujille maksuttomia.

Kerhojen välinen vierailukulttuuri on ilahduttava ilmiö. On aina mielenkiintoista tutustua vertaisiin joko vierailemalla itse heidän luonaan tai järjestämällä heille ohjelmaa oman kerhon voimin. Kaikkiin vierailuihin en osallistu, mutta seuraavassa Maisan muistelemalla matkalla Kotkaan olen mukana. "Etelä-Kymin kerhon 20-vuotisjuhlan jälkeen aloin sikäläisen uuden ystäväni kanssa suunnitella Kotkan retkeä. Eri vaihtoehdoista risteily tuntui meistä hyvältä. Niinpä päädyimme siihen. Sovimme vierailun toukokuun puoleenväliin, perjantaiksi ja lauantaiksi. Oivasta lähtijöitä oli kolmetoista. Anna-Maria Salonen tuli kertomaan Parkinson työssä -hankkeesta.

Pääsimme kaikki autojen kyydissä, minä Anun. Starttasimme puoli yhden aikoihin Helsingistä Kiasman edustalta. Ilma oli epävakaa. Ajelimme rauhallista vauhtia pysähtyen välillä jaloittelemaan. Saavuimme Kotkan Seurahuoneelle. Kävin viemässä tavarani huoneeseen. Oli hyvää aikaa levähtää tai tutustua hotelliin. Viideksi pari paikallista kerhoaktiivia tuli hotellille ja lähdimme nelistään Sapokan satamaan. Välillä vähän sataa tihuuttikin. Puistossa oli kaunista. Ajoimme Langinkankaalle Keisarilliselle kalastusmajalle.

Suihkun ja vaatteiden vaihdon jälkeen kävelimme ravintola Vaustiin. Tapasimme Kotkan seudun kerholaisia. Meidät toivotettiin tervetulleeksi. Yksi henkilö tuli sisään oman teatteriesityksensä kanssa. Ruokailimme ja tutustuimme toisiimme. Timo pyysi minua pitämään vastapuheen. En ollut valmistautunut mitenkään. Onneksi minulla oli kirjoitusmappini mukana. Valitsin kolme runoa, joista itse pidän. Lausuin ne. Lauloimme yhdessä. Kuultiin myös yksinlaulua. Leikimme sana- ja arvoitusleikkejä. Ilta meni rattoisasti. Kello oli yli kymmenen, kun kävelimme hotellille pienessä tihkusateessa.

Hotellin ravintolassa esiintyi Jonne Aaron. Pitihän mennä kuunteemaan. Minä tapani mukaan tanssin. Ilta venyi aamupuolelle. Heräsin jo ennen kuutta. Aamiaisen jälkeen pieni retki torilla, tein pikaisen kierroksen kauppakeskuksessa.

Keräsimme porukan kasaan ja lähdimme kohti satamaa ja risteilyalusta. Saimme sopivan sään, ei tuullut, ei satanut eikä paistanut liikaa. Astuimme laivaan. Vikla kolmonen starttasi ja lähdimme kiertelemään saaristoa. Laivamatkan aikana kapteeni kertoili reitistä ja nähtävyyksistä. Kiertelin eri pöydissä keskustelemassa, niin tutustuin uusiin kerholaisiin. Matkasimme noin kaksi tuntia. Rantauduimme Kukourin pienelle saarelle, jossa söimme maittavan kalakeiton. Pyörähdimme saarella. Iltapäiväkahvien jälkeen matkasimme takaisin satamaan. Niin tuli lähtöhetki ja kiittelimme sekä halailimme ystävämme. Auton nokka kääntyi kohti Helsinkiä."

Kesän aikana monet kerhomme jäsenet osallistuvat yhteen, kahteen tai kolmeen Parkinson-tilaisuuteen – ja lisäksi aloittavat syyskauden keilaamisen.

Kesäkuussa tapaamme Tokoinrannassa, jossa istumme iltaa Cafe Piritan terassilla. Ilma on hyvä, kesäinen, ja yksi meistä eli Keijo on ajanut paikalle moottoripyörällään. Hän riisuu nahkahaalarin yläosan auki ettei paistuisi ilta-auringossa. Meitä on juuri sen verran, että täytämme kaksi pöytää, Keijon ja minun lisäksi Maisa, Helena, Jarmo, Arto ja hänen puolisonsa ja muutama muu.

Heinäkuussa vietämme kesää kukin tahollamme, mutta elokuussa peräti 15 henkilöä lähtee sunnuntai-iltapäiväksi Vihdin kesäteatteriin. Meitä on useampi autokunta, minkä ansiosta eri suunnilla asuvat autottomat voidaan poimia matkan varrelta kyytiin. Näin Oiva taas laajentaa jäsentensä kokemusten kirjoa, niin että vannoutunut kaupunkilainenkin löytää itsensä katsomasta ja kuuntelemasta syvällä Länsi-Uudellamaalla komediaa "Veljeä oon aina toivonut". Näytelmä on oikeaa kunnon kesäteatteria, viihdyttävä ja naurattava. Poikkeamme paluumatkalla katsomassa koiranpentuja Jarin luona.

Elokuun puolessa välissä ryhmä oivalaisia matkustaa Tampereelle Varalan urheiluopistoon Nuorten- ja nuorenmielisten tapaamiseen, joka tarjoaa paljon liikunnallista ja elämyksellistä ohjelmaa: kävely ja Pispalan portaiden valloitus, rantasauna ja takkatupa, draamaa ja tarinateatteria, kuntonyrkkeilyä ja tasapainojumppaa, frisbeegolfia ja geokätköilyä. Parkinson työssä -hanke on mukana tapaamisessa tänäkin vuonna.

Varsinainen kerhon syyskausi käynnistyy jo elokuussa, jolloin Talin keilahallissa alkaa vakiovuoromme. Keilaporukkaamme on ilmoittautunut 12 osallistujaa, näistä kaikki paitsi yksi ovat jo ensimmäisellä kerralla paikalla.

Kaksi muuta säännöllisesti kokoontuvaa ryhmäämme eli tanssikurssi ja laulukurssi alkavat syyskuussa. Tanssin opettajamme Krisse on hyväntuulinen mutta jämäkkä opastaja meille vähän hitaille ja jäykille. Jäykkyyttä vastaan käymme alkuverryttelyn jälkeen liikuttamaan lanteita latinalaisin tanssirytmein. Meitä on aina paikalla niin paljon, että saamme kuhinaa parketille. Miehiä on niin paljon, että vakiotansseissa saamme parit. Rivitanssi kolmessa rivissä onnistuu yhdeksältäkin, mutta meitä on enemmän, kun rivitanssikerralla Oivan jäsenet pääsevät vapaasti mukaan kokeilemaan tanssia. Tanssitunti on aina opettavainen muutenkin kuin tanssitaidon kannalta. Se on asennekasvatusta, se opettaa tervettä suhtautumista paitsi omaan niin toisen ihmisen ruumiillisuuteen. Kun vaikkapa tanssii valssia tai tangoa samana iltana kahdeksan erilaiselta tuntuvan daamin tai kavaljeerin kanssa, tietää ja tuntee osaavansa hyväksyä ja kunnioittaa monenlaisia ihmisiä.

Joka toinen torstai-ilta, vuoroviikoin keilauksen kanssa, käymme Laulu-Avaimessa pitämässä ääntä – siis laulutunneilla. Tosiaan pidämme ääntä, ääntelemme, emme ainoastaan laula. Meitä on tusinan verran, ja jos kaikki ovat paikalla, tila täyttyy meistä ja äänestämme.

Oiva-kerhon keilaajat osallistuvat Parkinson-yhdistysten keskinäiseen urheilukilpailuun eli Parkiadeihin, jotka järjestetään lokakuussa Turussa. Myös Helsingissä, Talissa, Oiva osallistuu keilakisaan. Harjoittelu alkaa tuottaa tulosta. Naisten joukkue saavuttaa kolmannen sijan. Joukkueeseen kuuluvat Outi, Kaarina L. ja Maisa.

Marraskuussa kokoonnumme pienellä porukalla, tuntia ennen varsinaista kuukausitapaamista, suunnittelemaan tulevan vuoden tapahtumia ja tapaamisia. Toivomuksena on, että vuonna järjestettäisiin 2014 enemmän kerhotapaamisia. Varsinaisessa kerhoillassa valitsemme uuden hallituksen. Kerhon lakimiesjäsen pitää meille luennon perintö-ja testamenttiasioista. Luento kiinnostaa ja vetää paikalle yli kaksikymmentä henkeä.

Syksyllä 2013 olen kolme kuukautta toimivapaalla yliopistolta ja syyskuun alusta marraskuun loppuun Parkinson työssä -hankkeen toisena projektisuunnittelijana. Ehdotan itse tätä ratkaisua sen vuoksi, että hankkeen ohjausryhmässä asetetaan kasautuvasti odotuksia minun rooliini viikonlopputapahtumissa eri puolilla Suomea. Kuopiossa ja Hailuodossa ohjelma rakentuu vertaistapaamisesta ja kirjoittajakoulutuksesta, tavoitteina työikäisten ryhmien toiminnan edistäminen ja kehittäminen sekä hankkeen verkkopalvelun tutuksi tekeminen. Tampereella pidämme blogin kirjoittajien jatkokurssin. Espoossa, Kaisankodissa, järjestämme elämysviikonlopun, johon kuuluu ohjelmaa sisätiloissa ja ulkosalla.

Anna-Maria, projektisuunnittelija, tekee hankkeen loppuraportin, joka julkaistaan verkossa. Vaikka hanke päättyy, Parkinson työssä -verkkopalvelu jää toimintaan seuraaviksi vuosiksi. Hankkeen tapahtumissa siirrytään sen vajaan kahden vuoden toiminta-aikana puheista tekoihin, viestinnästä välittämiseen, kirjoittamisesta elämyksiin Suomen luontokeskus Haltiassa, Espoossa.

Sama liike näkyy Oivan toiminnassa. Oiva-kerhosta tulee hankkeen mukana valtakunnallinen toimija. Alkuvuosien puhekeskeinen, keskustelujen avulla kohtaaminen on muuttumassa tekemiseksi, toiminnaksi, liikunnaksi.

Keskellä kolmen kuukauden pestiä Suomen Parkinson-liiton projektisuunnittelijana matkustan nuoremman tyttäreni kanssa Kanadaan, jossa järjestetään kolmas Maailman Parkinson-kongressi. Olen matkalla työajalla, mutta maksan itse matkamme.

WPC on lyhenne sekä itse kongressista (World Parkinson Congress) että kongressin järjestäjän nimestä (World Parkinson Coalition). Kanadan kongressi on järjestyksessään kolmas. Sosiaalisessa mediassa käytetään lyhennettä aihetunnisteen ja vuosiluvun kanssa: #WPC2013.

Ensin tukikohtamme on Toronto, josta teemme päiväretken Niagaran putouksille, pikkubussilla töyssyistä moottoritietä pitkän, paluumatkalla pienempiä teitä näköalapaikalla ja viinitilalla poiketen. Toisen retken teemme junalla pop-idoli Justin Bieberin kotikaupunkiin.

Lennämme Torontosta Montrealiin, jossa meitä odottaa ohjelmaa täynnä oleva tuhansien ihmisten Parkinson-kongressi. Käyn luennoilla, kirjoitan muistiinpanoja. Tutustun joihinkin uusiin ihmisiin. Imen vaikutteita niitä kotiin palattuani jakaakseni. Kirjoitan kongressista blogeihin postauksia ja lehtiin artikkeleita, jotka myöhemmin siirtyvät kirjoihini.

Olen kongressiin liittyvissä verkkokeskusteluissa niin ahkera, että kongressin toimitusjohtaja Elizabeth "Eli" Pollard ottaa kotiin paluuni jälkeen minuun yhteyttä. Hän pyytää apuani, jotta Suomi tulisi enemmässä määrin maailmankongressin toimintaan mukaan. Toimin välittäjänä

Suomen Parkinson-liittoon päin, ja liitto tekee partnerisopimuksen WPC:n kanssa. Päädyn seuraavaa kongressia suunnittelevan komitean jäseneksi, advokaatiksi, ja yhdeksi kongressin virallisista bloggaajista. Seuraava maailmankongressi #WPC2016 järjestetään USA:ssa, Portlandissa (Oregon).

Uudet vastuutehtävät avaavat näkymiä kotikerhosta laajemmalle. Oiva-kerhon puheenjohtajana olen ensin matkustanut Kanaalin yli ja nyt Atlantin yli. Komiteajäsenyys tuo globaalit kontaktit kännykkääni, kun pidämme puhelinneuvotteluja. Puhelinneuvottelut ovat raskaita. Ei ole helppoa pysyä vieraskielisenä kärryillä keskustelussa, jossa monet puhuvat äidinkieltään englantia ja lisäksi asioista, joita ei ole ennen tullut edes ajatelleeksi.

Jos ajatus globaalista verkostosta yrittää nousta hattuun ja jalat irrota maasta, aina kotimaan Parkinson-kentältä kuulee rauhoittavia ääniä, jotka pitävät jalat maassa. Sinä aikana kun olen Parkinson-liiton palkkalistoilla, Parkkispaikka-nimisen, sittemmin nimeään muuttaneen verkkoyhteisön ylläpitäjä antaa minulle varoituksen, kun pidän sieltä pois häädetyn Oivan jäsenen puolia. Muodollinen asema organisaatioissa ei suojaa nuolilta vaan pikemminkin asettaa maalitauluksi.

Joulukuussa pidän kolme kertaa palaverin muutaman jäsenen omaisen kanssa. Tarkoitus on perustaa omaisille oma tukiryhmä. Oivasta mukana ovat myös Kaarina ja Maisa Parkinson-liittoa edustaa järjestösuunnittelija Ilari Huhtasalo. Saamme ryhmän käyntiin, joten emme taaskaan toimi tyhjänpanttina. Omaisten ryhmä toimii edelleen.

Oivan pikkujoulut ovat jäsenistölle tärkeitä. Usein pikkujoulut tarjoavat arjen yläpuolelle nostavaa yhdessä olemista. Sellaista on myös tämän vuoden pikkujouluohjelma, josta Maisa kertoo tässä: "Joukko oivalaisia ja heidän läheisiään kokoontui itsenäisyyspäivän jälkeisenä lauantaina teatteriravintola Albergaan. Tapaaminen sovittiin kello viideksi iltapäivällä. Ravintola on auki ainoastaan silloin, kun on meneillään esityksiä. Sali on viihtyisän pieni ja viehättävästi kalustettu, tarjoilu toimi hyvin. Aluksi tietenkin ruokailimme. Ravintola laatii jokaiseen esitykseen omanlaisensa menuun. Rauli Badding Somerjoki kun oli kyseessä, jälkiruokana tarjottiin paratiisiomena. Somerolla on remontoitu kuntoon Raulin äidin hoitama kioski, joka on avoinna kesällä muutaman viikon. Kioskissa lukee suurilla kirjaimilla Baddingin ehkä tunnetuimman kappaleen nimi, Paratiisi.

Esittäydyimme omaisille, joita emme olleet aikaisemmin tavanneet. Oivan ryhmään kuului 25 henkilö. Meidän lisäksi oli toinen ryhmä ja mukaan mahtui muutama yksittäinen henkilö. Puheensorinaa riitti ruokailun aikana, sitten tuli illan kohokohta. 'Tänä iltana meillä on esitys Badding – Jykevä rakkaus', kuului ilmoitus.

Lavalle astui Baddingina Mika Räinä, ja rokki soi. Eleet esittäjällä olivat kuin Baddingilla aikanaan. Pianoa soitti Antti Kujansuu. Samu Loijas tulkitsi monta eri roolihahmoa Baddingin elämään liittyvinä ihmisinä. Mika Räinä paneutui rooliinsa täysillä, Samu Loijas oli ilmeikäs näyttelijä.

Tarinaa ja Baddingin kappaleita riitti noin kahdeksi tunniksi väliaikoineen. Mika Räinä kertoi myöhemmin, että esitys kuvastaa heidän oma käsitystään Raulin elämästä.

Väliajalla myimme arpoja ja saimme joululahjan. Lopussa yleisöllä oli mahdollisuus tanssia Valot -kappaleen tahdissa. Esitys oli loistava, ruoka hyvä, yleisö rentoa ja hyväntuulista. Meidän pikkujouluiltamme oli onnistunut."

Maisan tarkan osallistumiskirjanpidon ansiosta vuoden lopussa on helppo raportoida emoyhdistykselle kuluneen vuoden aikana toimintaan osallistuneiden kerhon jäsenten määrä. Asialla on merkitystä, sillä osa yhdistyksen jäsenmaksusta tilitetään kerhoille niiden aktiivisten jäsenten määrän mukaisesti. Kuka on aktiivinen jäsen? Riittääkö puhelinsoitto, sähköpostikirjeenvaihto, Facebook-kaveruus? Näitä pohditaan sekä kerhoissa että yhdistyksen hallituksessa.

Vuoden 2013 aikana Oivan eri tilaisuuksissa on osallistumiskerrat yhteen laskien 315 osallistumiskertaa.

Keilauksessa on 160 osallistumista 18 kerralla.

Laulussa on 71 osallistumista 8 kerralla.

Tanssissa on 84 osallistumista 13 kerralla.

III
LUOVUUDEN NÄYTTÄMÖ

Me haluamme hyvää elämää, me haluamme hyvää oloa, me haluamme luoda, me haluamme liikkua, me haluamme tehdä uutta yhdessä.

Oivalle tunnustusta ja toiminta-avustus
Oiva isännöi amerikkalaisjuoksijaa
Oivan puheenjohtaja vaihtuu
Taideterapiaesitys
Ansiomerkki

2014
Luova heittäytyminen palkitaan

Jatkan vielä Oivan puheenjohtajana, Kaarina varapuheen-johtajana, Helena rahastonhoitajana. Muita johtokunnan jäseniä ovat sihteeri Tiina, jolta totumme saamaan ihania tiedotteita, kerhoisäntä Arto, jonka kanssa minulla on vuo-sien varrella ilo keskustella ja viettää iltaa – muistan erityi-sesti liiton ruotsinristeilyn – ja keilauksesta vastaava Pertti, joka puolestaan silloin tällöin minua kyyditessään tulee keskustelujen myötä tutuksi; hän käy myös veljensä kanssa keilaamassa kuten minäkin, ja usein heitämmekin nelis-tään samalla radalla.

Oiva-kerho saa Heikki Teräväisen rahaston stipendin, hakemansa tuhat euroa. Stipendin antaja pitää Oivan saa-vutuksia ja suunnitelmia ylivertaisina muihin hakijoihin nähden. Hieman häkellyttää kehu, kuuluuhan Parkinson-kentältä soraääniäkin tekemisiini liittyen niin Oivan kuin hankkeen osalta – tyyliin "Pitääkö sen yhden olla aina esillä". Kerran lasken Parkinson-liiton etusivulta linkit toi-mintaani liittyviin asioihin – kuusi! Se on jo liikaa.

Stipendirahoituksella on tarkoitus jatkaa kerhon toiminnan ideoimista ja kehittämistä. Jaamme rahaa tasapuolisesti kerhon harrastustoimintaan: lauluun, tanssiin, keilailuun sekä säännöllisiin kokoontumisiin. Lisäksi haluamme auttaa vasta perustetun omaisten ryhmän alkuun.

Orionin Wearing Off -sivustolle kolmen vuoden aikana kirjoittamani blogin kymmenet tarinat ilmestyvät koottuna teoksessa Minulla on Parkinson ja olen ylpeä siitä (Parkinson-liitto, 2014). Kirjoittaminen eri foorumeille vahvistaa identiteettiäni ja rooliani ensin ryhmän, sitten kerhon vetäjänä.

Kirjan julkistamistilaisuus ravintola Oivassa vetää tuvan täyteen. Jaan tekijänkappaleiksi saamani viisikymmentä kirjaa yleisölle, niin julkkareihini varta vasten tulleille kuin muutamalle kantapeikolle, jotka ääni väristen ja kättä puristaen kiittävät minua sekä kirjasta että esityksestäni. Totta maar, ravintola päiväsaikaan olisi mainio esiintymispaikka prosaistille, vaikka jos sellaiseksi esittäytyy ja puhuu sen päälle taudistaan, niin kuulijakunnan oluen hämärtämässä mielessä asiat tihentyvät psoriasikseksi.

Kirjani herättää aikakauslehtien kiinnostuksen. Minusta ja kirjastani on yhteensä 11 sivua kolmessa lehdessä. Yhdelle valokuvaajalle esitän Sillanpäätä.

"Jari?"

"Taata."

"?"

Nämä aikakauslehdet ovat Seniori-terveys (2/2014), Apu (3.4.2014) ja Seura (8/2015). Seuran lukijat valitsevat Parkinsonin taudistani kertovan jutun numeron parhaaksi.

Kevätkaudessa 2014 on paljon tuttua ja toimivaksi todettua, kuten edellä käy ilmi toiminta-avustuksen käyttötarkoituksista: keilaus, tanssi ja laulu jatkuvat omissa ryhmissään. Pidämme taas vuoden alussa uusien jäsenten illan. Outi voittaa naisten sarjan keilailussa Talissa järjestetyssä kisassa. Tammikuun aikana on yhteensä 99 käyntiä eri tapahtumissa. Tapahtumat olemme ajoittaneet siten, että halukkaat pääsevät niihin kaikkiin.

Kuukausikokoontumissa sentään on vaihtelevia aiheita. Helmikuussa Kaarina kertoo kehon hallinnasta arkiaskareissa. Hän näyttää opastaen, mitä liikkeitä voi tehdä arkisissa olosuhteissa. Oivan tie käy maaliskuussa länteen ja itään. Oivalaisia on mukana oppimassa keilaamisen tekniikkaa Kirkkonummen keilahallissa, jossa järjestetään keilauskurssi. Lähdemme porukalla viettämään elokuvailtaa itäisessä Helsingissä Tiinan kotitalon kerhotilassa. Huhtikuussa tapahtumia on paljon. Kisailemme Helsingissä Ruskeasuon palloiluhallissa pukkaa. Tosin emme pärjää. Parkinson-viikolla Kampissa luento kerää myös oivalaisia kuuntelemaan. Tanssimme ja laulamme kevään viimeisen kerran.

Parkinson-liiton Facebook-sivulle jättää yhteydenottopyynnön amerikkalainen lääkäri ja Parkinson-aktiivi Marcus Cranston. Otan asiakseni vastata hänelle, ja pian keskustelumme Cranstonin suunnitelmasta juosta 4 mailia 44 maassa johtaa siihen, että lupaan Oiva-kerhon isännöivän Cranstonin vierailua ja juoksua Suomessa.

Kokoan Oivan ja työpaikkani ihmisistä ryhmän suunnittelemaan reitin ja juoksemaan Marcuksen kanssa sekä kannustamaan ja dokumentoimaan juoksua matkan varrelta.

Määräpäivänä olemme Jarin kanssa Marcusta vastassa satamassa. Vierailu on lyhyt. Ehdimme vain lyhyesti jutella ennen juoksua.

Matin suunnittelema reitti alkaa Paavo Nurmen patsaalta ja ohittaa muun muassa Sibelius-monumentin. Teemana on esitellä amerikkalaisvieraallemme suomalaisia sankareita... Matti koputtaa jälleen olkapäähän ja pyytää puheenvuoroa: "4 mailin juoksusta, *Run-the-World 4 Parkinson's Disease,* sen verran tarkennusta, että vaikka aluksi suunnittelimme Paavo Nurmen patsasta aloituspaikaksi, niin hylkäsimme sen muonitus- ja saniteettitilojen puutteen vuoksi. Reitti alkoi UPY:n toimistolta Paciuksenkaari 8:sta ja myös päättyi sinne. Reitti oli tosiaankin pituudeltaan juuri 4 mailia ja kulki UPY:n toimistolta Meilahden / HUS:n sairaaloiden takaa Sibelius-monumentille, josta se jatkui Kisahallin ohi Paavo Nurmen patsaalle, sitten Stadionin maratonportin ohi edelleen keskuspuistoon, jonka kautta takaisin UPY:n toimistolle. Tavoiteajaksi oli arvioitu 40 minuuttia, joka muistaakseni myös toteutui."

Juoksun jälkeen pidämme keskustelutilaisuuden yhdistyksen toimistolla. Otamme ryhmäkuvan. Sovimme tapaavamme toisemme Portlandissa Oregonissa seuraavassa Maailman Parkinson-kongressissa.

Jari vie Marcuksen takaisin satamaan. Marcus jatkaa juoksemistaan Virossa ja Baltian jälkeen muualla maailmalla.

Kun Marcus Cranston myöhemmin julkaisee juoksumatkansa Suomi-raportin, hän kertoo kohdanneensa juoksureitillään Suomen kansallissankarit Paavo Nurmen ja Jean Sibeliuksen, mutta hän nostaa todellisiksi sankareiksi meidät kerhotoiminnan arjen vapaaehtoiset puurtajat.

Joskus yksittäinen teos herättää lukijayhteisönsä Ruususen unesta ja tekee vaikkapa kirjan pohjalta dramatisoidun esityksen kollektiiviseksi voimannäytöksi.

Hyvä esimerkki suuresta merkityksestä, näkyvyydestä ja voimannäytöstä on Jussi Kivimäen kirjaan Mr. Parkinson ja muita juttuja (Jonnaco Oy, 2013) perustuva monologinäytelmä Mr. Parkinson. Kirjassa on esityksessä nähtävän ja kuultavan lisäksi toinen mokoma muita juttuja.

Esitys kiertää Suomea vuosia. Näyttelijänä on Mikko Kauranen. Näen ja kuulen esityksen kahdesti, ensin laivalla Parkinson-liiton risteilyllä ja sitten huhtikuussa 2014 Helsingissä Kampin palvelukeskuksessa.

Kivimäki on yhteydessä minuun Helsingin esityksen tiimoilta. Oivan kautta myymme 31 lippua, joten näytelmän näkee moni Oivan jäsen ja heidän läheisensä ja ystävänsä. Pyydän iäkkäät vanhempani paikalle. Julistan nettikeskustelussa, että esityksen näkeminen kuuluu Parkinson-potilaan ja hänen läheistensä yleissivistykseen.

Huhtikuun lopussa kokoonnumme vielä Vuosaaressa, jossa imagokouluttaja Milla Rynty pitää koulutuksen teemalla "Hyvä minä". Kurssi käsittelee itsetuntoa, kehonkieltä, viestintää väreillä, tunteita – kaikkea tätä ikään kuin mainospuheena syvällisemmälle paneutumiselle. Tämä johtuu siitä, että kun Milla on kysynyt päivän teemaa, olen pyytänyt useammasta teemasta katsauksen. Meillä on joka tapauksessa hauskaa ja tunnemme itsemme hyviksi ja tärkeiksi.

Toukokuussa teemme visiitin Helenan remontoituun asuntoon Kalliossa. Nämä ajoittaiset vierailut jonkun kerhon jäsenen luona ovat hyödyllisiä ystävyyden vaalimisessa, keskinäisen luottamuksen luomisessa. Kotikokouksia pidetään sekä kerhon johtokunnan että erilaisien suunnitteluryhmien kesken.

Keväällä luovun Oivan puheenjohtajan tehtävästä. Neljän vuoden puheenjohtajuuden ja kaiken muun tekemisen jälkeen alan olla väsynyt. Joskus iltaisin Parkinson-tilaisuuksissa tahtoo silmät painua väsymyksestä kiinni. Kotiin palattuani olen rättiväsynyt.

Luopumisen takana on myös henkilökohtaisia syitä. Ääneen sanotaan ja muistioon kirjataan, että keskityn kansainväliseen toimintaan. Olenhan seuraavan eli vuoden 2016 Maailman Parkinson-kongressin edustaja Suomessa, kaksine luottamustehtävineni.

Uudeksi puheenjohtajaksi nimetään varapuheenjohtaja Kaarina.

Kosketukseni kerhon perustoimintaan alkaa höllentyä tästä eteenpäin. En enää ole kaikkea suunnittelemassa, toteuttamassa saati kokemassa.

Kesäkuussa kerho tekee retken Lahteen, sikäläisen työikäisten ryhmän LaParkin vieraaksi. En ole mukana, joten nojaudun tässä ja monessa muussa asiassa jatkossa Maisan muistioihin.

Päivä on kylmä ja sataa tihuuttaa. Hyvä seura ja ohjelma korvaavat huonon sään. Lahdessa kun ollaan niin Urheilumuseon hyppyrimäkeen on mahdollisuus kiivetä. Opastettu kierros Lanu-puistossa herättää mielenkiintoa taiteilija Olavi Lanun teoksiin. Kysymyksiä tulvii oppaalle, taiteilijan tyttärelle. Kerholaiset tutustuvat toinen toisiinsa. Päivän päätteeksi istahdetaan Rantakahvila Piano Paviljonkiin lepuuttamaan jalkoja ja nauttimaan paikan antimista.

Elokuussa tuttuun tapaan kerhon jäseniä osallistuu Dystoniaa tai Parkinsonia sairastavien Nuorten ja nuorenmielisten tapaamiseen Joensuussa. Monipuolinen ohjelma on kuulemani mukaan antoisa.

Syksyllä jatkuvat keilaus ja laulu. Syyskuussa aiheena on arkiaskareissa selviytyminen. Aihe kerää mukavasti kerholaisia, joille esitellään apuvälineitä ja joiden kanssa keskustellaan asunnon muutostöistä. Lokakuussa keskustellaan mielessä pyörivistä asioista.

Lisäksi Oiva kutsuu porukkaa Toimintakeskus Koulurantaan Kutemajärven rannalle Kangasniemelle. Sää suosii matkalaisia.

Marraskuussa keskustellaan jälleen ajankohtaisista ja ikuisista asioista. Joulukuussa Oiva viettää pikkujoulua Parkvillassa Espoon Leppävaarassa. Ohjelma on vapaamuotoista. Parkvilla on Espoon kaupungin omistama 1900-luvun alun rakennus, jonka toimintaan kuuluu muun muassa tilojen vuokraus.

Liikunnasta yhteenvetona sen verran, että Oiva-kerho on vuoden aikana osallistunut sekä keilakisoihin että pukkakisoihin. Kokoon on saatu useampia joukkueita. Outi on tuonut kerhoon mitaleja.

Koko vuodesta yhteenvetona huomio, että toiminta kulkee vakiintuneita latuja. Kerho itsessään ei niinkään tuota uusia avauksia, mutta reagoi aikaan ja ympäristöön ja tarttuu toimeen, kun tilaisuus tulee kohdalle. Otamme neljän mailin juoksijan asian omaksemme ja järjestämme hänelle puitteet ja seuraa Suomen pikavisiitin ajaksi. Otamme Mr. Parkinsonin monologin asiaksemme ja olemme mukana markkinoimassa esitystä ja myymässä lippua – ja tietenkin paikan päällä eläytymässä esitykseen.

Tämän kerhotoiminnan sujuvuuden voi tulkita myös niin, että innovatiivisuuden tasoa lasketaan hieman ja levähdetään, onhan esimerkiksi Parkinson työssä -hanke saatu päätökseen edellisen vuoden lopulla. Kerho vetää henkeä, lepää ennen seuraavaa luovuuden esiin purkautumista. Pian on aika sovittaa kenkää lähtötelineisiin...

2015
Viisivuotiaan taideterapia

Johtokunta on miltei kokonaan vaihtunut kerhon historian aikana. Ainoastaan alusta asti rahastonhoitajana toiminut Helena jatkaa edelleen johtokunnassa huhtikuun 10. päivä vuonna 2015, jolloin kerho täyttää 5 vuotta, kun mukaan lasketaan alkuvaiheet ryhmänä. Kaarina jatkaa puheenjohtaja, Matti on kulttuurivastaavana, Pertti keila- ja urheiluvastaavana sekä Jarmo atk-vastaavana. Jäseniä Oiva-kerhossa on noin 70. Minä kokoan edelleen delegaatiota seuraavaan WPC2016-kongressiin. Amerikan matkan käytännön suunnittelua tekevät Anu ja Helena aluksi kaksistaan, myöhemmin yhdessä matkatoimiston kanssa.

Tammikuussa uusien jäsenten ilta kerää noin 20 jäsentä. On aina mukavaa, kun joukossa näkee uusia kasvoja. Myös uudenlaisia tarinoita kuullaan. Keilausinnostus jatkuu ja mukaan liittyy uusia keilaajia. Helmikuussa Oivan joukkue osallistuu Masalassa pidettäviin keilakisoihin. Kesäkuun alussa Tikkurilan keilahallissa pidetään keilakisat. Mukana on Oivaa, Espoota ja Keski-Uudenmaan kerhoa.

Laulu-Avaimen tunnit jatkuvat. Osallistujamäärä on hivenen huventunut. Toukokuun viimeisenä perjantaina

Oiva-kerho pitää tapaamisen ravintola Oivassa, jossa on sattumalta ravintolan juhlapäivä. Ravintola tarjoaa asiakkailleen erilaisia pasteijoita.

Lahtelaiset vierailevat kesäkuun ensimmäisenä lauantaina luonamme. Sää vaihtelee päivän aikana. Otamme onneksi vieraat vastaan auringonpaisteessa. Kampissa heitä ovat vastassa Maisa ja Hannu. Johdatamme vieraamme ratikkanäyttelyn lävitse lounaspaikkaan. Mahdollisuus on myös tutustua raitiovaunuihin sisältä. Nyt kirjoitan kuin itse olisin paikalla. Läsnäolon illuusion luominen ei ole kovin vaikeaa. Myöhemmin nautimme sambakulkueen Ilosta ja väreistä vesipisaroiden lomassa. Menemme Oiva-ravintolaan laulamaan.

Kesäkuun 9. päivänä Oivan Kirjasalonki kerää rahapulasta kärsivälle kerholle yli tuhat euroa. Kuulen sattumalta, että edelliset pikkujoulujuhlat ovat tuottaneet tappiota. Lahjoitan Martin kanssa kirjojamme myyntiin. Itse lahjoitan yli 20 kirjaa, ja myyn niitä innokkaasti myös sukulaisille puhelimitse. Kirjojen viennin varjolla tapaan tätiäni ja serkkuani. Kirjoistani kertyy kerholle 440 €. Anu toteuttaa arpajaiset, jotka myös keräävät rahaa kassalippaaseen. Muutamat muut aktiivijäsenet valmistavat omalla kustannuksellaan kahvitarjoilun. Tilaisuuden loppupuoli tuottaa iloisen yllätyksen, kun intoudumme suunnittelemaan matkaa ensi vuoden Maailman Parkinson-kongressiin Portlandiin. Muutamat Oivan jäsenet ovat jo ilmoittaneet lähtevänsä matkalle, mutta nyt innostus leviää laajemmalle ja matkan suunnitteleminen harppaa eteenpäin aimo askeleita. Tämä on hyvä esimerkki siitä, että toiminta luo toimintaa. Merkitsevät tapahtumat ketjuuntuvat. Jos jää sijoilleen odottamaan, että jotain uutta tapahtuisi, niin odotus on pitkä ja turha. Pidämme Oivan Kirjasalonkia niin onnistuneena, että järjestämme niitä myöhemmin lisää yhteistyössä muutaman kerhon kanssa siten, että kerhotkin saavat myyntitulosta osansa.

Toinen Parkinson-kirjani Kuka pelkää Parkinsonia (BoD, 2015) ilmestyy. Se on tavallaan päivitetty ja laajennettu versio edellisvuoden kirjasta. Nyt kuvaan Parkinson-kokemuksiani 10 vuodelta ja Oiva-kerhon vaiheita 5 vuodelta.

Syyskausi aloitetaan elokuun ensimmäisenä lauantaina leikkimielisellä keilakisailulla Oiva vastaan LaPark. Lahdesta saapuu neljä henkilöä ja oivalaisia on kymmenen. Sää suosii. Vuosaaressa lounastetaan ravintola Mainingissa. Lounaan ja kahvin jälkeen pelataan mölkkyä. Vaihdetaan kuulumisia. Tapahtuma on rento ja iloinen. Syyskuussa oivalaiset tekevät vuorostaan vierailun Lahteen keilakisoihin.

Kesän jälkeen keilaus jatkuu Talissa, Tikkurilassa aloitetaan päiväkeilaus. Lokakuussa tehdään retki Porvooseen. Kirkko on suljettuna. Käydään Thor Lindroosin taiteilijakodissa tutustumassa upeisiin maalauksiin ja muihin taiteilijan töihin. Ritva kutsuu kotiinsa lounaalle koko ryhmän. Ihaillaan Ritvan käsintehtyjä kulhoja. Vierailulla Porvoon kerhossa kerrotaan Oivasta ja Hannu lausuu runon Suomalainen. Marraskuussa uusien iltaan ei valitettavasi löydy vastasairastuneita. Valitaan johtokunta vuodelle 2016.

Hankkeen päättymistä seurannut Oivan jäsenten keskinäinen toiminta vahvistuu edelleen. Jo toista vuotta tehdään tavallaan paluuta kotipesään Suomen kiertueelta. Vaalitaan yhdessä tekemistä. Muille on annettu paljon kerhon alkuvuosina, nyt jäsenet haluavat olla itse paitsi toimijoita myös toiminnan kohteita. Syntyy taideterapiaprojekti, musiikkikomedian valmistaminen tyhjästä alkaen. Sen tueksi aloitetaan laulu- ja tanssikurssit.

Maisa ja Hannu kertovat projektista ja omista kokemuksistaan: "Taideterapiasta oli jo puhuttu. Timo toi Montrealin konferenssista tullessaan tietoa, miten tanssi ja eritoten tango vaikuttaa Parkinsonin tautiin. Pari vuotta sitten Oiva-kerhollakin oli tanssi- ja laulutunnit. Vuosi sitten syyskuussa Hannu tutustui Pohjanmaan kerhojen aktiiveihin Parkinson-liiton virkistyslomalla. Viikko-ohjelmaan kuului myös karaoke parina iltana hotellin ravintolassa. Hannu kuuli, että kappaleet olivat pohjalaisten parkkislaisten valmistamasta, karaokelauluihin pohjautuvasta teatteriesityksestä. Sellaisessa minäkin haluaisin olla mukana, nousi Hannun mieleen. Idea oli syntynyt. Hannu esitti meille oivalaisille ideansa. Useat meistä harrastivat jo karaokea äänenkuntoutusmielessä. Työkyvyttömyyseläkepäivien täytteeksi kaipasimme toimintaa. Olisiko se tätä?

Tuumasta toimeen! Hannu ja Timo tulivat Maisan keittiöön aamukahville ja idea sai siivet. Totesimme, että tarvitsemme käsikirjoituksen, harjoittelupaikan, lauluopetusta, ääniterapiaa, ohjausta lavaliikuntaan ja tanssiin. Toisin sanoen haimme muotoa omalle terapiateatterille. Tarvittaisiin myös rahaa tilavuokriin, opettajien ja ohjaajien palkkioihin. Halusimme ammattilaisia avuksemme. Kahvia nautiskellen kolmikko teki suunnitelman kurssimuotoon ja laskelmia OK-opintotukianomusta varten.

OIVA-kerhon nimipäivillä toukokuussa hanketta esiteltiin mukanaoleville kerholaisille. Innokkaita mukaan tulijoita ilmoittautuikin pitkä lista, joka tosin lyheni, kun selvisi, kuinka monta iltaa hanke vaatii. Tunnelma oli keveä, valoisa ja lämmin kuin kevätilta Kallion kaduilla ja puistoissa

Saimme tilauksen esitykselle UPY:n pikkujoulujuhlaan. Kävimme tutustumassa esiintymislavaan. Harjoitukset sovittiin elokuun alkuun, samoihin aikoihin koulujen alun kanssa. Mehän olimme 'Oivan teatterikoululaisia'. Ohjaaja löytyi omasta porukasta. Paul oli ohjannut monia isojakin juttuja. Liikkumisessa auttoi Kristian, UPY:n liikuntavastaava. Kaarina L. ideoi lavastuksen. Varoja päätettiin kerätä kirpputorimyynnillä. Sketsityylinen karaokepohjainen esitys olisi meidän juttumme. Alku takkuili. Roolihahamoja luotiin: viinaanmenevä työmies, aviopari, iloinen naishupakko, lääkäri ja pastori. Lavaesiintymistä harjoiteltiin tanssiopettajan ohjauksessa. Harjoitustilaksi löytyi UPY:n toimiston läheisten kerrostalojen asukastila Hilda Flodinin kadulla. Käsikirjoitus ja repliikit muuttuivat moneen kertaan. Harjoitusten edetessä osa joukosta keskeytti työn tai sairauden takia, mutta saimme kokoon roolihahmot. Kukin valitsi omaan suuhun sopivan laulun. Harjoittelimme laulunopettajan ja tanssinopettajan kanssa."

"Harjoitukset olivat rankkoja", Maisa kertoo ja jatkaa: "mutta huumorilla pääsimme eteenpäin. Olimme sata prosenttisesti mukana. Kun esitys alkoi, otin katsekontaktin suoraan ylös lähes katonrajaan. Ajattelin, että jos katson yleisöön, sanat unohtuvat tai menevät sekaisin. Samaistuin rooliini ja eläydyin täysillä. Olin opetellut hyvin repliikkini. Sain varmuutta, kun lavalla oli muitakin kuin minä. Meidän ryhmä oli täysillä mukana! Kun kuulin yleisön nauttivan, sain lisää intoa itselleni. Olin tyytyväinen ja iloinen, että sain olla mukana."

Hannu kertoo vielä taideterapiaprojektin merkityksestä itselleen: "Projekti oli minulle varsinainen koulu. Työelämässä olin valomiehenä tottunut tarkkoihin aikatauluihin ja harjoituksiin. Rentoa eläkeaikaa voisi viettää iloisen anarkian hengessä. Halusin pois valopöydän takaa keskelle näyttämöä ja pääsin kokemaan tämän! Lupauduin ottamaan liian paljon tehtäviä. Välillä väsähdin. Herra Parkinson muistutti, kenen ehdoilla mennään. Palkinto odotti jo kenraaliharjoituksissa. Yhdessä tekemisen ilo ja into oli käsin kosketeltava jo lavastusta rakennettaessa. Tiina pyörätuolissa toi oman iloisen panoksensa esitykseen valssin tahtiin. Ramppikuume teki sen, että otettuani mikrofonin käteeni sanat tuntuivat katoavan päästä, vaikka luulin pystyväni esiintymään rennon vapaasti. Oman osani alkamista odotellessani tuttu tärinä nousi polvista käsiin. Suu kuivui ja hiki virtasi pitkin selkää. Kun sitten kävelin keskelle lavaa, jännitys katosi. Kuiskaajamme Pia näytti eturivistä, että tässä ollaan tukena. – Ja se tunne, kun kuulin ensimmäiset naurahdukset kääntyessäni karvahattu silmillä yleisöön päin: Me onnistuimme jossakin!"

Uudenmaan Parkinson-yhdistyksen ja Oivan yhteisissä pikkujouluissa, joissa Oivan näytelmä esitetään, minulle luovutetaan Suomen Parkinson-liiton hopeinen ansiomerkki merkittävästä järjestötyöstä – tai luovutettaisiin, jos olisin paikalla. Monet kerrat olen osallistunut yhdistyksen joulujuhlaan, mutta tänä vuonna en osallistu.

Saan merkin myöhemmin, kun pidämme Hilda Flodinin kadun asukastilassa syyskauden ja vuoden 2015 päättäjäiset. Katsomme videotaltioinnin joulujuhlaan tehdystä esityksestä. Nyt minäkin, esityksen tuottaja, näen sen ensimmäistä kertaa.

On selvää, että ansiomerkillä huomioitu merkittävä jär-
jestötyöni on mahdollista vain Oiva-kerhomme kannusta-
vassa ja kekseliäässä ympäristössä. Tätä kirjoittaessani tie-
dän ainakin myös Maisan ja Jarin saaneen liiton hopeisen
ansiomerkin.

IV
KANSAINVÄLINEN KUMPPANI

Oiva tarjoa meille mahdolliseksi matkustaa yhdessä, keskustella toistemme kanssa, oleskella ja tutustua ihmisiin, tavata itsemme kaltaisia kaikkialta maailmasta.

San Francisco, Los Angeles, Las Vegas ja Portland
Oivan matkavinkit julkaistaan englanniksi
Oiva Goes USA -matkakirja
Ystävänpäivätanssit
Menetyksiä

2016
Oiva Becomes Global

Puheenjohtajana aloittaa Jari, Kaarina siirtyy varapuheen-johtajaksi ja sihteeriksi. Helena jatkaa rahastonhoitajana, Maisa kulttuurivastaavana ja Hannu keilausvastaavana. Myös Matti ja Arto ovat johtokunnassa.

Kuten aiemminkin, Oivan toiminta näyttäytyy kaksijakoisena. Perustana on johtokunnan ja muiden aktiivijäsenten pyörittämä kerhotoiminta tapaamisineen, keilausryhmineen, luentoiltoineen. Sen lisäksi osa meistä valmistautuu kongressimatkaan, joten tapaamme sen tiimoilta ennen Oivan varsinaista kuukausikokousta.

Kerhon vakiotilaisuus, uusien jäsenten ilta, ei saavuta tänä vuonna uusia jäseniä, vaikka se pidetään tammikuussa. Uusien jäsenten illat ovat aina arvaamattomia, niin yhdistyksen kuin kerhon järjestämät. Joskus tulee runsaasti väkeä, joskus ei tule. Onnistuminen riippuu tilaisuuden markkinoinnin toimivuudesta, siitä saako kohderyhmämme edes tietoa uusien jäsenten illasta.

Helmikuussa järjestetään lauluilta, jota varten Ari on laatinut hienon laululistan, hänen puolisonsa Pia puolestaan kertoilee sanoittajien taustoja. Lauluilta on hieno ilta!

Maaliskuussa proviisori Martina Suominen pitää luennon aiheesta Parkinson-lääkkeiden vaikutus muihin lääkkeisiin. Luento kerää 22 kuulijaa. Luento on hyvä. Suominen puhuu selkeällä kielellä. Toukokuussa retkeillään Uutelan ulkoilualueella ja keilataan Tikkurilan keilahallissa.

Kolme vuotta odotettu ja pitkään suunniteltu Oivan delegaation matka neljänteen Maailman Parkinson-kongressiin on viimein käsillä syyskuussa. Elämme tavallaan Oivan toista laajentumista. Suomen kartan haltuunoton jälkeen levittäydymme maailmankartalle. Olemme nyt liikkeellä kerhona, mikä on uusi ja suurenmoinen asia: en ole kerhon edustajana yksin matkassa niin kuin Lontoossa enkä kaksin niin kuin tyttäreni kanssa Kanadassa. Lähdemme kokonaisena delegaationa, Oiva-tiiminä, ja osallistumme aivan uusin voimin kansainväliseen Parkinson-toimintaan.

Jotain samankaltaista kansainvälisyyden saralla Suomen lähialueilla eli Virossa tekee Keski-Uudenmaan kerhon Seppo. Hän vie suomalaisia Parkinsonin tautia sairastavia ja heidän läheisiään Viroon kylpylöihin ja keilakilpailuihin ja tekee yhteistyötä sikäläisten Parkinson-toimijoiden kanssa.

Matkan jälkeen toimitan matkapäiväkirjan Oiva Goes USA (BoD, 2016), jossa delegaatiomme jäsenet kertovat moniäänisesti matkan vaiheista. Seuraavassa on katkelmia tästä yhteisestä matkapäiväkirjastamme, joka on edelleen myynnissä verkkokirjakaupoissa.

Kaarina kertoo tunnelmista lähdön lähestyessä: "Matkalle USA:han, kongressiin ja kiertäen rannikolla. Ei tunnu todelliselta, lähtö on jossain kaukana. Passit täytyy uusia.

Rekisteröityminen, osallistumismaksu, merkitse mihin aiot osallistua. Oli luentoja, keskusteluja, asiaa joka alalta, oli tiedettä ja tutkimuksia, oli myös kevyempää tarjolla. Ruksin ja raksin aiheita, jotka siinä tuntuvat kiinnostavilta. Entäpä jos paikan päällä on jotain, mikä kiinnostaa enemmän tai en huomannut jotain... Ja aikaa kongressin alkuun on käsittämättömän paljon.

Vähitellen tulee matkan maksueriä, suunnitelmia tehdään ja suunnitelmat muuttuvat. Edelleen matka on ilmassa leijuva ajatus, vaikka paljon konkreettista on tapahtunut. Eiköhän tämä vielä todeksi muutu?"

Kymmenen tunnin aikaeron vuoksi ensimmäinen matkustuspäivä on pitkä. Vaihdamme konetta Reykjavikissa, Islannissa, ennen Atlantin ylitystä. Lennämme kongressikaupunki Portlandiin, jossa yövymme hotellissa lähellä lentokenttää. Jari on järjestänyt meille illanvieton hampurilaisravintolassa Marcus Cranstonin kanssa. Markin viehättävä vaimo on myös paikalla. Muistelemme Markin vierailua ja juoksua Suomessa. Hampurilaisravintola on suurempi ja ravintolamaisempi kuin Suomessa on tottunut. Henkilökunta tuo jätskintapaiset kahdelle syntymäpäiväsankarillemme ja vieläpä laulaa kuorossa onnittelulaulun. Mark toteaa, että tämä on meillä tapana. On mahtavaa päästä heti ensimmäisenä päivänä yhteyteen Amerikan-kontaktimme kanssa. Mark on ylpeä, että saa ensimmäisenä tavata Oiva-tiimimme.

San Franciscoon saapumisesta kertoo Jari: "Lähtöportti vaihtuu ja lento myöhästyy... Vihdoin koneeseen ja ensimmäisten joukossa. Kapteeni kertoo ongelmasäästä San Franciscossa. Ja taas odotetaan...

Vihdoin – pari tuntia myöhässä – olemme San Franciscossa ja matka hotellille sujuu OK. Sitten alkaakin ihmettely. Hotelli näyttää hienolta ja elegantisti kulahtaneelta. Mutta totuus alkaa paljastua...

Reception toteaa kylmän viileästi, ettei huoneemme ole vielä valmiita!! Matkalaukkujemme kanssa avustanut *bell boy* liittyy mukaan keskusteluun ja pyytää paria henkilöä näyttämään passia, jonka jälkeen hän lähtee itse tarkastamaan huonetilanteen. Yllätys, yllätys; huoneet olivatkin valmiita. Sitten alkoi yleinen hässäkkä ja *check-in* oli kaikkea muuta kuin tyylikäs. Ja suoraan jonosta kirjaimellisesti työnnettiin hissiin kohti huonetta. Minäkään en saanut annettua edes avainta kämppikselleni, joten päästessäni oikeaan kerrokseen jätin matkalaukkuni käytävän risteykseen merkiksi suunnasta."

Anu kuvaa päiväretkeä Yosemiten kansallispuistossa: "Yosemiteen oli San Franciscosta neljän tunnin ajomatka, mikä tuntui aluksi loputtoman pitkältä. Matkatessamme seurasimme vastaantulevien kaistoilla keskikaupunkia kohti valuvia autojonoja. 'Nuo ensimmäiset ehtivät ajoissa töihin ja nuo viimeiset myöhästyvät ihan varmasti', kertoi oppaamme Frank.

Pian alkoivat mäet muuttua yhä korkeammiksi ja jyrkemmiksi, ja reipasta vauhtia ajava Frank karisti viimeistään jyrkissä mutkissa kaartaessaan loputkin unihiekat silmistämme.

Yosemitessa näimme: Suuret kalliopaadet, mahtavat solat, valtavat siirtolohkareet joessa, puhumattakaan suurista punapuista. Näimmehän toki eläimiäkin: pari kaurista, oravia, 5 koiraa, muurahaisia, kärpäsiä jne. Karhut eivät meitä lähestyneet. Meillä oli ilmeisesti liian huonot eväät.

Illan hämärtyessä palasimme jälleen kaupunkiin ja näimme sen upeasti valaistuna. Vaikka mereltä puhaltava kolkko tuuli ulottuikin luihin ja ytimiin saakka, oli pakko myöntää, että jotain hienoa tästä kaupungista löytyy.

Frank toi meidät hotellille ja kiitimme häntä lämpimästi mahtavasta päivästä."

Helenan kertomana päästään Hearstin vaikuttavaan linnaan: "Saavuimme majapaikkaamme San Simeonissa klo 18:00. Taakse jääneitä kilometrejä on 400. Ei tarvinnut näyttää passeja vaan respan herralla oli valmiiksi kerättynä avainkortit, jotka jaoin huonekunnille. Illalliselle menimme samalla piha-alueella olevaan *Best Western* -ravintolaan. Illallisten hinnat vaihtelivat $15-$36.00.

San Simeon on keskelle ei mitään rakennettu hotelli- ja motellialue, Tyynen valtameren ja tien nro 1 välissä. Hotellikeskittymä palvelee *Hearst Castleen* menijöitä, sillä majapaikoista Hearstin 'linnan portille' on vain muutama maili.

Aamulla oli jälleen tavaroiden sekä autojen pakkaus ja ajo *Hearst Castlen* parkkipaikalle. Minä kävin noutamassa liput lippuluukulta ja siirryimme odottamaan kuljetusta linnalle. Tie oli yllättävän pitkä, mutkikas ja jyrkkä. Opas pyöritti meitä ensin linnan piha-alueella ja sitten muutamassa suuressa huoneeseen. Koko tutustumiskierrokseen meni aikaa noin 1 tunti 30 minuuttia.

Alueella sekä ulkona että sisällä oli paljon varsinkin Kreikasta ja Egyptistä hankittuja patsaita ja muuta antiikkia. Huoneet olivat täynnä antiikkikrääsää, patsaita, gobeliineja, valtavan suuria ja raskaita huonekaluja, aitoja mattoja, joiden päälle ei saanut astua. Karseudessaan kohde oli kiinnostava, mutta jos siellä pitäisi asua, niin se on toinen asia. Linnalta alas infopisteeseen ja portille meidät kuljetettiin jälleen bussilla, jonka jälkeen muutama matkamuiston hankinta ja sitten tienpäälle. Kello oli edennyt jo puolille päivin ja edessä oli 400 kilometriä."

Tarja kuvaa kahta kaupunkia, jotka ovat Los Angeles ja Las Vegas: "Losissa oli lämmin. Tutustuimme kaupunkiin jälleen hyppäämällä *Hop on – Hop of* -bussiin. Nyt helle-hattu oli tarpeen. Vaihtelemalla eri linjoille (*purple – red – yellow*) matkustimme päivän aikana Hollywoodin, Beverly Hillsin kautta meren rantaan Santa Monicaan. Ranta oli vähän pettymys. Vilkasliikenteinen autotie, iso parkkipaikka ja laituri huvipuistoineen ja kauppoineen sekä ravintoloineen hallitsivat maisemaa.

Ihmiset kulkivat rantaa ja joku oli uimassakin. Vaikka oli lämmintä, ei ajatus uimaan menemisestä houkutellut. Kävimme Kaarinan kanssa sentään kahlaamassa meressä. Voi ainakin sanoa, että olen kastellut varpaani Tyynessä valtameressä. Yhdessä päivässä ehti saada aavistuksen siitä, mitä kaikkea Los Angelesissa voisikaan päästä kokemaan.

Las Vegas oli uskomaton paikka, kyllä se oli näkemisen arvoinen. Kerran elämässä nähtävä, mutta vain kerran, se riitti minulle, en kaipaa takaisin. Las Vegas oli huikea, korkeita kullanvärisiä hotelleja, väriä, musiikkia, ihmisiä kadut tulvillaan. Me asuimme pyramidissa. Alakerta oli kasino, niin kuin kaikissa hotelleissa. Kasinot olivat auki 24/7. Kallis kaupunki, vaikkei pelaisikaan.

Las Vegasin neonvalot saavat energian Hooverin padosta. Padolla pääsimme piipahtamaan matkallamme Grand Canyoniin. En uskonut silmiäni astuessani kanjonin reunalle ensimmäistä kertaa. Se oli hengästyttävä kokemus. Grand Canyon on ehdottomasti paikka, jonne toivon joskus pääseväni uudelleen.”

Kaarina pohtii kongressissa käsiteltävää potilaskeskeistä hoitoa: ”Kongressi Portlandissa alkoi ilmoittautumisella ja materiaalisalkun hakemisella. Ensi vilkaisulla asiaa on paljon, kuinka hyvin kaikkeen, tai edes osaan, ehtii tutustua. No, koko kongressi on edessä.

Ensimmäisenä päivänä osallistuin moniammatillista ja potilaskeskeistä hoitoa käsittelevään *pre-congress*-ohjelmaan. Kesto oli aamusta klo 9.00 iltapäivään kello 17.00. Ja asiaa oli paljon. Aluksi tunsin ajatukseni ristiriitaisiksi, minulla on Parkinson ja olen fysioterapeutti sekä hoitaja, kuuntelenko ammattilaisena vai sairastuneen näkökulmasta?

Mutta eipä aikaakaan, kun kokosin itseni ja ajatukseni, totesin, että näen asian molemmat puolet ja osaan yhdistää ne. Ja kun esittelin itseni, sanoin olevani sekä henkilö jolla on Parkinson että fysioterapeutti. Englannin kielen *person with Parkinson's* on jollain tavoin helpompi sanoa kuin 'minulla on Parkinson' tai 'sairastan Parkinsonin tautia'. Miksi, en osaa sanoa.

Mutta asiaan, puheenvuoro oli itsestään selvästi potilaalla, tässä tapauksessa sana 'potilas', kun puhutaan potilaskeskeisestä hoidosta. Hän kertoi itsestään, perheestään ja siitä, mitä hän toivoo ja odottaa moniammatilliselta hoidolta ja poliklinikkakäynneiltä yleensä. Kuulosti niin tutulta; omia tuntoja, keskusteluissa esille tulleita, koettuja ja toivottuja tilanteita, niin hyvässä kuin pahassa. Onko ajatusmaailma täysin samanlainen kaikkialla?"

Helena kertoo posterista, bistrosta ja baarista: "Kongressikeskukseen saavuimme ennen puoltapäivää. Kävimme etsimässä Jarin posterin samoin kuin Marcin ja vilkaisimme muutamia muita. Ehdimme hyvin kuuntelemaan panelikeskustelua *Living well with Parkinson's*. Oli oikein mieleenpainuva keskustelu.

Välittömästi edellisen päättymisen jälkeen alkoi luento *Cell-to-cell Transmission of Alphasynuclein*. Menimme intoa täynnä *Face yogaan*, joka ei vastannut odotuksiamme.

Iltapäivällä kävimme vielä kuuntelemassa aiheesta *Biomarkers: Where are we?*

Pistäydyimme pikaisesti hotellilla, emme nähneet muuta porukkaa, joten hyppäsimme jälleen ratikkaan ja huristelimme joen toiselle puolelle. Etsimme sopivaa ruokapaikkaa mutta mikään näkemistämme ei tuntunut sopivalta. Onneksi olin ottanut Internetistä löytämäni ravintolalistan mukaan. Valitsimme listalta mukavimman tuntuisen ravintolan, *Mother's Bistro and Bar*. Paikka oli slaavilaismainen, hämärä valaistus, tummia seiniä, ja tupaten täynnä, jouduimme jopa hetken odottamaan pöytää. Paikan ruoka oli hyvää ja minäkin söin koko annoksen."

Mietin vielä Oivan näkyvyyttä: "Emme etukäteen varautuneet megaesiintymiseen, emmekä niin tehneetkään. Jotain näkyvää sentään valmistelimme: paidan, posterin ja kirjan. Delegaatiollamme oli omat siniset paidat, joissa oli tekstin *Team Oiva Finland* lisäksi Suomen lippu sekä Suomessa eläneen Möykky-pesukarhun kuva. Jari osallistui lääkkeiden oton omavalvontaa käsittelevällä posterillaan posterinäyttelyyn ja esitteli sitä kahdesti posterikierroksilla. Minun kirjani *Who's Afraid of Parkinson's?* oli esillä kirjanäyttelyssä, *Book Nookissa*, joka järjestettiin nyt ensi kertaa. Lisäksi delegaatiostamme osallistui kolme rumpalia päättäjäisesitykseen lavalla ja me loput rummutimme yleisössä."

Globaalia osallisuuden tunnetta Portlandissa tuovat Marcus Cranstonin ja hänen vaimonsa tapaamisen lisäksi muutamat muutkin kohtaamiset. Yksi näistä on Samuel Ng, johon olen tutustunut kolme vuotta aiemmin Montrealissa ja joka myöhemmin on vaikuttanut uusimpien Parkinson-kirjojeni syntyyn pyytämällä minulta Parkinson-kirjaani englanniksi kirjoitettuna.

Portlandin kongressin jälkeen hän soittaa minulle ja pyytää kanssaan suunnittelemaan kansainvälistä Parkinson-kongressia Malesiaan. Pyydän lisätietoja, niitä ei tule tai ne eivät tavoita minua, ja asia jää sikseen osaltani. Myöhemmin panen merkille kongressin toteutumisen.

Toinen on Jimmy Smith, joka majoittuu samassa hotellissa vastapäätä huonettani ja joka pitää läppärillä työskennellessään ovea auki. Siinä on luontevaa ruveta juttusille. Istuessani kongressikeskuksessa virkistyspisteen pöydän ääressä Jimmy tulee luokseni ja sanoo, että jotkut Oiva-tiimin jäsenet ovat käskeneet hänet minun puheilleni, kun hän on tiedustellut, alkaisiko joku Suomesta DJ:ksi, musiikkitoimittajaksi laajentumassa olevaan nettiradioon nimeltä *Parkinson Radio Parkies*. Muitta mutkitta sanon, että minä alan. Jimmy vie minut Parkinson Radion osastolle, jossa tapaan Andy Butlerin. Hän esittelee minut vielä kolmannelle henkilölle, ja saan alkuohjeistuksen lähetyksen tekemiseen ja mukaani kuulokkeet ja mikrofonin, jotka ovat laadukkaampia kuin omani kotikoneella.

Suomeen palattuani lähetykset alkavat heti. Ohjelmani on kerran viikossa suorana lähetyksenä. Työ on mielenkiintoista ja opettavaista, aikaa tunnin lähetyksen valmistelemiseen voisi käyttää paljonkin. Jatkan innoissani, kunnes tammikuussa lähetyksen jälkeen menetän yllättäen tajuntani. En ole syönyt kunnolla, en ole levännyt tarpeeksi. Äkillinen pyörtyminen ilman huippaamista tai muita ennakko-oireita toistuu vapunaattona kotona 2018, siitä kuuden viikon kuluttua bussissa, taas kuuden viikon kuluttua junassa ja vielä muutaman viikon kuluttua kotona. Sydäntäni tutkitaan.

Kolmas Portlandissa tapaamani henkilö, jonka mainitsen tässä, on EPDA:n ulkoisen viestinnän vastaavana työskentelevä Dominic Grahamin. Olen tavannut Domin Lontoossa viisi vuotta aiemmin. Nyt hän pyytää minua kirjoittamaan artikkelin EPDA:n *Parkinson's Life* -verkkolehteen. Lehti on toki tuttu. Se uutisoi syksyllä 2015 kampanjastani, jossa lahjoitin kirjojeni loppuvuoden myyntitulon Maailman Parkinson-kongressin matkarahastoon. Kyse on muutamasta sadasta dollarista, mutta siellä dollarini ovat rikkana rokassa – yhteensä matkarahastoon kertyy kongressin osanottajilta yli 50 tuhatta dollaria. Tästä potista moni delegaatiomme jäsen saa runsaan matka-apurahan. Itse en tätä kautta hae, mutta Kirjallisuuden edistämiskeskus KIDE myöntää minulle hakemani matka-apurahan.

Puhun artikkeliasiasta delegaation jäsenten kanssa. Jarilla on muutamia ajatuksia, joista pääsemme alkuun. Artikkeli matkavinkeistämme paisuu parista vinkistä kattamaan matkan kaikki vaiheet. Käännän artikkelin englanniksi ja *Parkinson's Life* -verkkolehden toimitus editoi sen ennen julkaisemista. Artikkeli ilmestyy 23.11.2016 nimellä *Timo's top 10 tips for travelling with Parkinson's.*

Takaisin perusasioihin, takaisin Oivan tavanomaiseen toimintaan. Eivät kaikki suinkaan olleet Amerikan matkalla! Kerho elää elämäänsä, hengittää sen toimintaa ylläpitävien jäsenten tahdissa, luo nahkaansa hitaasti uusiutumalla, jättää joitain ryhmää koossa pitäviä toimintoja taakseen, ottaa uusia tilalle, kuten ulkoilupäivän Vuosaaressa, Uutelan ulkoilualueella, elokuussa 2016. Paikalla on paljon väkeä, onhan ilma kaunis ja seura juuri sopivaa ulkopeleihin ja yhteiseen ajanviettoon.

Uutta on myös biljardi, jota pelataan Myyrmäen Arkissa. Pelaajia on kahdesta neljään, paitsi joulukuussa, viimeisellä kerralla, jolloin peli-iltaan saapuu iso joukko kerholaisia pelaamaan biljardin lisäksi muitakin pelejä, kahvittelemaan ja keskustelemaan.

Syyskuussa kokoontumispaikkana on vaihteeksi Itä-Helsingin kerho. Ari juontaa lauluiltapäivän karaokekattausta. Lokakuussa muutama Oivan jäsen käy Salossa Baddingmusikaalissa, jota he luonnehtivat mahtavaksi. Yleisö eläytyy täysillä. Samassa kuussa pidetään peli-ilta, ihastuttava sellainen, tarjoaahan pelaaminen myös samanaikaisen juttutuokion.

Vuoden 2016 toiminnan kuvauksen loppupuolelle Maisa kirjoittaa huolestuneen merkinnän: "Oiva-kerhon toiminta alkaa hiipua. Osanottajamäärä on vähäinen. Mietittiin mitä asialle voisi tehdä."

Viimeinen merkintä jatkaa samasta aiheesta, mutta sentään tulevaisuuteen viittoen: "Joulukuussa pohdittiin mitä kaikkea Oiva voisi järjestää."

2017
Menetyksiä ja menestyksiä

Ennen jäljellä oleviin aiheisiin menemistä on aika esitellä harmaat eminenssit. Tapanin kanssa kerhon alkuvuosina tapaillessamme emme käytä itsestämme tätä nimitystä, vaikka sellaisia olemme. Tapanilla ei ole muodollista asemaa Parkinson-yhdistyksissä, hänen vaikutuksensa perustuu asiantuntijuuteen, suoriin kontakteihin ja kykyyn tehdä uusia avauksia. Yhteydenpitomme on viime vuosina harventunut, mutta hänen tilalleen on tullut toinen harmaa eminenssi. Olen jo pitkään tavannut Martin kanssa lounaan tai kahvin merkeissä, kuitenkin niin että syömä- ja juomapuoli on toissijaista ja ensisijaista on ajatusten tuulettelu. Puhumme laveasti Parkinson-kentästä. Keskustelumme on asioiden ja ilmiöiden ideointia, kypsyttelyä ja jälkipuintia.

Vuoden 2016 lopun mietinnöt Oivan toiminnaksi tuottavat kevätkaudeksi 2017 monipuolista ohjelmaa. Helmikuussa varatuista Kirka-musikaalin lipuista tosin puolet joudutaan palauttamaan, koska mukaan ei lähde ennakoitua määrää kerhon väkeä.

Porvoon Parkinson-kerhon puheenjohtajan Ritvan järjestämiin ystävänpäivätansseihin oivalaiset sen sijaan osallistuvat ansiokkaasti. Tanssit pidetään Helsingissä. Hyvä ohjelma ja runsas tarjoilu hellivät niin mieltä kuin masua. Ystävänpäivätanssit ovat oikein onnistuneita.

Kolmas talvinen tapahtuma on Lapin matka. Kun sattumoisin muissa asioissa soitan Jarmolle, hän kertoo istuvansa mökissä lumihankien keskellä lukemassa yhtä uusimmista kirjoistani. Saan tuoretta palautetta suoraan keskeltä lukukokemusta. Jarmo kertoo nauttivansa kirjani ironiasta.

Yksi lomailijoista on moneen tapahtumaan ehtivä Pertti, joka yllättää lähtemällä rohkeasti yksin hiihtolenkille. Pohjoisessa kun nyt ollaan, niin Oiva-kerho vierailee Pohjois-Suomen kerhossa Kemijärvellä.

Kevään koittaessa oivalaiset suuntaavat Rantasalmelle norppasafarille. Safarista samoin kuin Lapin lomasta yhdistyksen toimistosihteeri Anu Kivelä kirjoittaa runsaasti kuvitetut artikkelit Parkkis-lehteen, joten tieto kerhon toiminnasta leviää laajemmallekin.

Sanat käyvät vähiin, ja nekin vähät ovat muistosanoja. Pitkään toimiessaan mikä tahansa ryhmä tai kerho menettää ajan myötä jäseniään eri tavoin, myös kuoleman kautta. Tiedän tämän kokemuksesta muisteluryhmiä vanhusten palvelukeskuksissa pitäneenä. Aika ajoin istunnon aloittaa hiljainen hetki.

Tänä kesänä kuolema käy kahdesti Oivan porstuassa, ensin juhannusaattona ja sitten kuusi päivää myöhemmin. Lähtijöinä ovat Pertti ja Tapani.

Kun kokoonnumme Espooseen muistamaan Perttiä, paikalla on 36 ihmistä. Pyydän heitä palauttamaan mieleen myös Tapanin ja aiemmilta vuosilta kaksi kerhon jäsentä. Pidämme hiljaisen hetken heidän kaikkien muistoksi. He ovat olleet niin kerholle kuin meille jokaiselle oivalaiselle tärkeitä, kukin omalla unohtumattomalla tavallaan.

Elokuussa LaPark järjestää ParDy 2017:n Pajulahdessa, Lahdessa. Mukana on monta oivalaista, jotka viihtyvät hyvin. Niin kuin monta kertaa ennenkin, ParDy tarjoaa monipuolisen ja runsaan ohjelman.

Syksyllä Oivan toiminta alkaa hyytyä. Jos tapaamisia on, niihin ei tule enää ihmisiä.

Alkaa näyttää siltä, että kerho ei ole onnistunut yhdessä keskeisessä tavoitteessaan, jäsenistön rotaatiossa eli siinä, että kun vanhempia jäseniä jää kerhotoiminnasta pois, uusia jäseniä tulee vastaavasti mukaan.

Mikä on se viisasten kivi, joka ratkaisee ongelman ja vetää uusia nuoria työikäisiä kerhoon ja sen vastuutehtäviin?

Jotain sentään tapahtuu. Mukava joukko ihmisiä kokoontuu 17. marraskuuta Oivan Kirjasalonkiin. Kirjojaan esittelevät lisäkseni Lahdesta tullut Eeva ja Vantaalta ajellut Martti, joka julkistaa tässä tilaisuudessa toisen kirjansa, Miksikirjan (BoD, 2017). Eeva on Oivan perustajajäseniä, myöhemmin LaParkin perustaja ja ensimmäinen vetäjä. Anu Kivelä kirjoittaa illasta oivaltavan artikkelin Parkkis-lehteen (4/2017).

Samassa lehdessä Kaarina raportoi apuvälinemessuilta ja antaa mielikuvituksen lähteä lentoon. Entä jos... "Messuille, ständille, esille, esittelemään, puhumaan ohikulkijoille, herättelemään kiinnostusta tuotetta kohtaan... Miten käy, olenko vakuuttava, osaanko asiani, saanko kuulijan kiinnostumaan ja ennen kaikkea näkemään tuotteen samoin kuin minä? Vähän jännittää, jaksanko, iskeekö väsy ja tärinä, olenko patsaana paikalla, liikunko lainkaan, kulkeeko edes puhe!

Tuote, joka nyt on esillä, on rollaattori-pyörätuoliyhdistelmä, ja olen maahantuojan pyynnöstä esittelemässä sitä hänen ja yhden firman työntekijän kanssa. Tämä on sama apuväline, joka meillä oli kongressimatkalla Yhdysvalloissa mukana. Tunnen tuotteen, olen kirjoittanut käyttökokemuksista matkan ajalta, omia näkemyksiäni sen eduista ja huonoista puolista, tehnyt yhteenvedon sen ominaisuuksista. Ja silti epäilyttää, tiedänkö mitään ja jos jotain sanon, onko se faktaa. Ettei tulisi kehuttua liikaa tai puhuttua ympäripyöreitä.

Kun ensimmäiset kävijät pysähtyivät paikalle, ei ollut ollenkaan vaikeaa sanoa sanottavaansa; ensin perusasiat ja lisätietoja kysymysten ja kommenttien mukaan. Kyselin itsekin kävijöiden taustoja ja sen perusteella kerroin yhdistelmän-apuvälineen ominaisuuksista ja käytöstä. Monet olivat hyvin kiinnostuneita, niinhän sitä kuuluukin olla, kritiikkiä toki tuli, aivan oikein, toiset vilkaisivat ohimennen, jotkut kuuntelivat vain hetken. Ja toki apuvälinettä myös kokeiltiin, kehotettuna ja omasta aloitteesta, joskus jopa lupaa kysyen. Esittelypuhe ei onneksi ollut koko ajan samanlainen, vaikka sama asia toistui lukemattomia kertoja.

Jää nähtäväksi, hankkiiko joku taho tai kävijä apuvälinettä, joka on mielestäni toimiva ja monikäyttöinen. Useat messukävijät pisteellämme sanoivat, että eivät vastaa hankinnoista tai eivät voi niihin vaikuttaa. Oli niitäkin, jotka aikoivat ottaa rollaattori-pyörätuoliyhdistelmän puheeksi toimipaikallaan. Ehkä vuoden loppuun mennessä selviää, onko niitä mennyt kaupaksi. Samaan aikaan, kun messukävijät kulkivat kuuntelemassa ja katselemassa, syntyi useita uusia ideoita, minne rollaattori-pyörätuolia voisi mennä esittelemään. Aloin löytää sisäisen markkinointimiehen it-sestäni.

Tokihan messuilla tuttuihin törmää. Osa tuli sinne missä tiesi minun olevan, osan tapasin sattumalta ja joitakin läh-din tapaamaan näytteilleasettajan pisteeltä. Oli mukavaa vaihtaa kuulumisia ja puheenaiheet vaihtelivat henkilö-kohtaisista asioista messujen antiin ja yksittäisistä väli-neistä maailmanmenoon. Näistä keskustelutuokioista saattaa olla apua, kun mietitään soveltavaa liikuntaa ja lii-kunnan apuvälineitä meille parkkiksille. Juttua piisasi myös näytteilleasettajien kanssa. Aluksi esillä olevasta apuväli-neestä tai ratkaisusta, sen käytöstä, ominaisuuksista ja so-pivuudesta itse kullekin. Siitä monesti edettiin lääkinnälli-sen kuntoutuksen kiemuroihin, liikuntaan ja toimintakyvyn käsitteeseen sekä parannettiin maailmaa.

Kaksi kertaa olin ihan sovitussa tapaamisessa. Torstaina tapasin liiton tiedottajan Arja Pasilan, ja hänen kanssaan juttelimme pitkään, pääasiassa keskustelimme liikunnasta ja kuntoutuksesta. Minä ensin sanoa täräytän mielipiteeni ja näkemykseni asioista, sen jälkeen pohdin ja puntaroin puolelta jos toiselta miten asiat voisivat olla ja edetä. Arja-han kirjoitti puheenpälpätystäni muistiin. Saa nähdä, mitä hän siitä juttuunsa poimii!

Lauantaina kiertelimme yhdessä oman Parkkis-leh-temme Kivelän Anun kanssa. Ihan harmitti, että kaikkea ei ennättänyt nähdä. Koetimme keskittyä Parkinson-arkea helpottaviin ratkaisuihin, mutta sivupoluille harhautumi-nen kävi huomaamatta. Toki tutkailimme pitemmän aikaa niitä Parkkis-arkea helpottavia ratkaisuja ja pohdimme vä-lineiden hyviä ja huonoja puolia, mietimme, missä muissa tilanteissa jokin ratkaisu toimisi. Sain olla mallina kokeilemassa yhtä sun toista välinettä, kun Anu hääri innokkaasti kameran kanssa. Ja niistä Anu kirjoittaa oman juttunsa.

Messujen parasta antia on nähdä erilaisia ratkaisuja ja apuvälineitä, joiden olemassaolosta ei ole tiennytkään. Toisaalta apuvälineitä pääsee kokeilemaan ja niistä voi antaa palautetta saman tien. Kokeillessa huomaa, miltä käyttö tuntuu ja saa hyvän opastuksen apuvälineen käyttöön. Monien tuttujen apuvälineiden ominaisuuksia on myös paranneltu, kehitys alalla on huimaa.

Apuvälineet koetaan usein välttämättömänä pahana, tyyliin nyt olen jo niin huonokuntoinen, että en pärjää itsekseni. Kuitenkin apuvälineet ovat nimensä mukaisesti suunniteltu olemaan avuksi, niiden avulla selviytyy itsenäisesti sellaisesta, mikä ilman apuvälinettä jäisi tekemättä. Apuvälineen tarkoitus on mahdollistaa tekeminen. Seisomatuen avulla, olipa se keppi tai kaide, esimerkiksi pukkapallon heittoon saa tarkkuutta ja voimaa, kun ei tarvitse keskittyä tasapainon ylläpitoon ja seisomiseen. Kaatumisen riski pienenee ja itse pelisuoritukseen voi keskittyä paremmin, pelaamassahan tässä oltiin.

Apuväline ajatuksena myös herättää jollain tapaa ankeanharmaan kuvan. Ja totta tosiaan, näin on varsinkin suihkuistuimien kohdalla! Meillä on ollut saunassa penkkejä ja jakkaroita maailman sivu, arjen design-esineitä käyttöön sopivaksi. Nyt tylsää valkoista muovia, mielikuva on kova ja kylmä. Miksi ei puuta, sen voi pitää puhtaana siinä kuin muovinkin, tai puukuvioista komposiittia. Niitä voisi olla muutama eri väri tai sävy, saisi omien mieltymysten mukaisen, sisustukseen sopivan. Kaikkeen ei ole eikä tarvita erillistä apuvälinettä, päivittäin käytettävien ja tarvittavien tavaroiden on vaan oltava itselleen sopivia ja toiminnaltaan käteviä. Hyvä käyttöesine sopii useimmille, apuväline tai ei. Apuvälineen ei tarvitse olla erityisen näkyvä, ajatellaanpa kenkälusikkaa. Se on apuväline, mutta niin tavallinen, että ei sitä apuvälineenä ajatella.

Tietoa apuvälineistä pitäisi saada enemmän ja niitä pitäisi päästä rauhassa kokeilemaan. Sellaisiakin välineitä kannattaa kokeilla, joita ei vielä tarvitse tai tule todennäköisesti tarvitsemaan. Vaan mistä sen etukäteen tietää, millaisia apuvälineitä täytyy joskus hankkia ja mitkä sitten sopivat parhaiten omaan käyttöön. Mutta missä voisi kokeilla helpolla tavalla?

Miten olisi Apuvälinepuisto! Samaan tapaan kun lapsille on aktiivisuuteen innostavia sisäpuistoja. Alkuun pääsee kehittämällä aikuisten leikkipuistoa enemmän apuvälineitä käyttävään muotoon. Apuvälinepuistossa sitä vaan huristeltaisiin sähkömopolla, kierrettäisiin rollaattorirataa, kokeiltaisiin seisomaan nousemisen nopeutta erilaisten nousutukien avulla... Lisäksi tasapaino- ja koordinaatioharjoituksia, erilaisia portaita kavuttavaksi ja akkuavusteisia polkupyöriä niin kaksi- kuin kolmipyöräisenä, myös tandem-malleja. Ja yksi ihastuksen kohde, jonka käyttöä kokeilin, terapiaseinä, olisi mielestäni ihan ehdoton. Se on suomalainen tuote, jonka avulla voidaan harjoittaa esimerkiksi tasapainoa, liikkuvuutta ja lihaskuntoa eritasoisilla ohjelmilla. Siinä on myös terapiaosio, jota käytetään fysioterapeutin ohjaamana ja se sopii pyörätuolinkäyttäjillekin.

Mitä muuta siellä voisi olla? Mielikuvitukseni saa siivet, ja lennän Apuvälinepuiston yllä. Kiinnostaisipa ideani jotain tahoa joka voisi sen myös toteuttaa."

V
JÄRJESTÖKENTÄN APURI

*Voisiko Oiva-kerho hyödyntää ja kierrättää keräämäänsä koke-
musta ja kannustaa muita kerhoja tekemään yhteistyöllä
enemmän kuin osapuolet kykenisivät yksinään?*

Ohjelmallinen iltama Viikin kirkossa
Kirjoittajakoulutusta Lahdessa
Suomi-areenalla Porissa
UPY:n taidepläjäys
Aivotalo

2018
Toiminta muuttuu – kutsujen aika

Jo alkaa tapahtua! Alan saada kutsuja. Vuoden alussa Oiva kutsuu tammikuussa Viikin kirkossa järjestettävään iltatilaisuuteen, joka juhlistaa Uudenmaan Parkinson-yhdistyksen 30-vuotistaivalta. Yhdessä eteenpäin -otsikon alla kuulemme monipuolisen musiikkiohjelman tanssilla, lausunnalla ja videoesityksellä ryyditettynä. Pääesiintyjänä ja Ystävän laulun laulattajana on oopperalaulaja Jaakko Ryhänen. Hieno ilta! Pääsen vielä järjestäjien ja esiintyjien kanssa kahville. Kahvikutsu tuo minulle hyvän mielen. Vanhaa kerhonvetäjää muistetaan. Olen ylpeä Oivasta.

Menee talvi, tulee kevät. Enimmäkseen kirjoitan. Rakentelen romaania kolmesta viimeisimmästä kirjastani, ohuista, lisää tekstejä rustaten, tavoitteena sanoa jotain aiheesta, joka on myös tulevan romaanin nimi: Kirjailijan astalo.

Oivan kirjasalonki kutsuu lukevaa yleisöä taas vuoden vaihduttua, talven taittuessa kevääksi. Ensimmäinen maaliskuuta 2018 esiintyy peräti neljä kirjailijaa, minun ja Martin lisäksi Seppo Järvenpäästä ja serkkuni Matti Taina Helsingistä. Illan teemana on osallisuuden muodot. Tämä merkitsee meille kaikille omaelämäkerrallisuutta, osallisuuttamme kirjoissamme, mutta käyttäen erilaisia genrevalintoja: minä romaania, Martti aforismia, Seppo pakinaa ja serkkuni Matti elämäntarinaa.

Kirjoitan ja luen. Elän kirjojen keskellä. Oivan Kirjasalonki ja LaParkin Kirjaklubi saavat miettimään Parkinson-kirjallisuutta. Kirjoitan artikkelisarjan, jossa käsittelen tekijyyttä, merkitystä ja Parkinsonin tautia sairastavia kirjan julkaisseita meillä Suomessa ja vähän muuallakin maailmassa. Parkinson-postia julkaisee artikkelit numeroissa 2-4/2018.

Artikkelisarjan lisäksi kirjatilaisuuksistamme on toinenkin seuraus. Kerhosta yhdistykseksi itsensä muuttanut La-Park kutsuu minut kirjoittamisen opettajaksi. Syntyy LaParkin kirjoittajakoulutus, joka toteuttaa Lahdessa toukokuussa kirjoittajan tyylipäivän ja syyskuussa elämäntarinan kirjoittamisen päivän. Kirjoittajakoulutukseen osallistuu myös Oivan jäseniä. Koulutusta toteuttaessani tunnustelen, olisiko koulutettavissa tai verkostoissani uusia avustajia liiton lehteen. Ilmoitan kolmen kolumnistiehdokkaan nimet päätoimittajalle. LaParkin kirjoittajakoulutuksen seuraava aihe on journalistinen kirjoittaminen, lähinnä kolumni ja aikakauslehtiartikkeli.

Kevättalvella liiton tiedottaja Arja Pasila soittaa ja kutsuu minut Poriin Suomi-Areenalle keskustelemaan aivosairauksien kohoavista kustannuksista yhteiskunnalle. Parkinson-liiton ohella mukana ovat Aivoliitto ja Neuroliitto. Suostun. Tämä on sadonkorjuuta vuosikymmenen alun kylvöistäni. Valmistautuminen vie puoli vuotta, mutta itse keskustelu viiden hengen porukassa sujuu erittäin hyvin. Keskustelumme lähetetään suorana MTV-Katsomoon johon se tallennetaan.

Huhtikuun 19. päivä 2018 saan Ilari Huhtasalon välittämän kutsun saman päivän tilaisuuteen. Kaarina ja Sari kutsuvat Oiva-kerhon kokoontumiseen, jonka aiheena on Parkinson tulee töihin.

Mitä? *Parkinson tulee töihin.* Déjà-vu!

Kutsussa Oivan toiminta esitellään nyt uudistetulla tavalla. Perustana on jäsenten mielenkiinto ja ehdotukset. Vakituista kokoontumisaikaa ei ole. Tapaamiset ovat tapahtumakohtaisia, kuten maaliskuun Kirjasalonkimme oli. Oiva osallistuu aktiivisesti myös muiden kerhojen tilaisuuksiin, samaten emoyhdistyksen ja liiton tapahtumiin, niin kuin se on ennenkin tehnyt, mutta nyt tahtotila järjestöyhteistyöhön on pantu kirjoihin ja kansiin.

Osallistun itsellenikin yllätyksenä torstai-illan kerhotapaamiseen Paciuksenkaarella. Tunnelma on ihan kuin entisaikaan. Tarjolla on pientä purtavaa ja juotavaa. Ohjelmana on kuulumisten kertomista. Sari osoittautuu Oivan nykyiseksi varapuheenjohtajaksi. Kaarina on palannut puheenjohtajaksi ja Jari toimii tiedottajana.

Mutta mikä tärkeintä: paikalla on ensikertalainen, juuri diagnoosin saanut, työelämässä johtavassa asemassa oleva uusi tuttavuus. Sanon että hänellä on vielä monta hyvää työvuotta edessään.

Seuraavaksi saan EPDA:lta, Lizzie ja Dominic Grahamilta, henkilökohtaisen kutsun Brysseliin, jossa EPDA järjestää kaksipäiväisen tapahtuman Euroopan parlamentissa. Kutsu on mairitteleva, mutta kesken pyörtyilytutkimusten en halua lähteä. Kauhukuvat tajunnan menetyksestä europarlamentaarikkojen tapaamisessa ovat liian ahdistavia.

En haluaisi, että tämä toistaiseksi selittämätön ongelma rajoittaisi menemisiäni, mutta kyllä se niin tekee.

Perjantaina 24.8.2018 kalenterissani on kaksi erillistä tapahtumaa, jotka yllättävästi kietoutuivat toisiinsa. Ensiksi, jo aamuyhdeksältä, runoilija ja kustantaja Tommi Parkko Turusta tuo minulle kaksi laatikollista Kustannusliike Parkon ensimmäistä kirjaa. Olen halunnut tukea ystävääni, ja niinpä kun kutsu kävi mesenaatiksi, olen tilannut ennakkoon parikymmentä kappaletta italialaisen Eugenio Montalen valittujen runojen kokoelmaa Tuo minulle auringonkukka – *Portami il girasole*. Upeassa, tuhdissa kirjassa alkukieliset runot ja Hannamari Heinon suomennokset soivat rinnakkain.

Kirjan mesenointi eli kirjojen osto ennen niiden ilmestymistä on minulle ennestään tuttua pienessä määrin, olen ostanut pääosin yhden kirjan. Nyt ostan 21 kappaletta ja sijoitan satoja euroja, mikä kuulostaa hullulta, mutta haluan tukea uutta kustantamoa ja edistää runouden tuntemusta lahjoittamalla kirjat eteenpäin. Omia kirjojani olen lahjoittanut paljon. On vain ratkaistava kysymys, mitä teen tällaisella määrällä vastapainettua käännöslyriikkaa. Kenelle annan? Ketkä arvostaisivat lahjaani?

Ajatukset nytkähtävät eteenpäin, kun muutaman tunnin kuluttua olen päivän toisessa tilaisuudessa Pikku Huopalahdessa, jonne yhdistyksen eri tavoin taiteilevat jäsenet on kutsuttu Taidepläjäykseen. Olen luvannut esitellä omaa kirjallista tuotantoani Uudenmaan Parkinson-yhdistyksen taidetapahtumassa. Porvoon kerhon Ritva tekee suuren työn tapahtuman onnistumiseksi ja on avajaisissa kaikkialle ehtivä hengetär. Oivasta sitä ovat järjestämässä Maisa ja kummatkin Kaarinat, jotka kaikki kolme myös ovat näytteilleasettajia. Maisa on julkaissut runokokoelman Elämää, rakkautta ja haavekuvia (Mediapinta, 2018). Tulen paikalle yhdessä Martin kanssa. Asettelemme kirjamme pöydälle ja katselemme mitä kaikkea muut ovat tuoneet. Tapaan kirjailijakollegan Espoosta, minulle ennen tuntemattoman. Avauspuheenvuorossaan yhdistyksen puheenjohtaja tuo meille eri tavoin taiteileville, kuvien, sanojen ja esineiden rakastajille, yhteisen – auringonkukan!

Heureka! Mikä yhteensattuma! Miten merkityksellisesti Eugenio Montalen runovalikoiman nimi keskusteleekaan pienimuotoisen taidetapahtumamme kanssa. *Tuo minulle auringonkukka* – ja minulle tuodaan, meille kaikille tuodaan. Runo on ajatonta. Auringonkukkapäivän muistoksi päätän siltä seisomalta lahjoittaa viisitoista kappaletta Eugenio Montalen kirjaa taidetapahtuman tekijöille ja kokijoille. Toivon, että kirjasta on iloa lukijoille. Seuraavana maanantaina vien veljeni kanssa autolla osan kirjoista lahjan saajien kotiovelle. Loput kirjoista jätämme ohi ajaessamme Paciuksenkaarelle yhdistyksen toimistolle sieltä noudettavaksi. Espoossa nautimme kahvitarjoilusta ja keskustelemme innoittuneesti mukavan pariskunnan kanssa, johon olen tutustunut taidetapahtuman avajaisissa.

Jään odottamaan palautteita lukijoilta. Pian sitä tuleekin. Olen miettinyt kirjan saaneiden lukukokemuksia, ja nyt Kaarina kertoo lukevansa runon kerrallaan satunnaisesta kohdasta. Minäkin luen muutaman runon kerrallaan, tosin järjestyksessä. Kun käyn vanhempieni luona, näen että kirja on olohuoneen pöydällä. Luen muutaman runon ääneen ja sitten äiti lukee pitkän runon itsekseen. Juttelemme runoilijan konkreettisesta kielestä. Maa. Muuri. Muratti. Runoilijan kieli on meille tuttua. Olen syntynyt maailmaan, jossa sana ja esine ovat sama asia. Isotsakset on vain ne meidän mustat suuret sakset. Voiveitsi on vain se tuhannesti hiottu veitsenterä jota käytämme voiveitsenä. Isopalli on... no, isopalli. Kun viisitoista auringonkukkakirjaa menee Parkinson-porukalle, uskon kirjan saajien arvostavan syvää kielen juurikasvustoa valottavaa lahjaani niin, että kun he lukevat runoja, viisitoista sydäntä lähettää pieniä runon väreitä, jotka edetessään hieman kasvavat ja jossain joskus koskettavat toisiaan.

Meillä kolmella Oivan tähänastisella puheenjohtajalla on kullakin omat kiinnostuksen kohteemme, jonka tiimoilta me toimimme Parkinson-kentällä muuallakin kuin oman kerhon tontilla. Omat kirjoittamiseen liittyvät toimeni on jo esitelty. Kaarinan fysioterapiaan ja apuvälineisiin liittyvä innovatiivisuus on sekin ollut jo esillä.

Nyt on Jarin aika kertoa osallistumisestaan vapaaehtoisena potilasasiantuntijana aivan uudenlaiseen asiakkaan ja hoitohenkilökunnan väliseen viestintämahdollisuuteen: "Loppukeväästä 2016 Helsingin ja Uudenmaan sairaanhoitopiiri (HUS) kutsui halukkaita kuulemaan Neurotalo-projektista, joka tulisi tarjoamaan uusia ulottavuuksia asiakkaan ja hoitohenkilöstön väliseen kommunikaatioon. Pohjana on ns. tietopankki, jossa on kolme osiota:
1. Julkinen osio – avoin kaikille internetin käyttäjille
2. Potilaan osio – omaan hoitoon liittyvää tietoa, avataan pankkitunnuksilla
3. Ammattilaisen osio – lisätietoja, vertailevaa tutkimusta, vaatii henkilökortin.
Tiedon keskittämisen lisäksi tavoitteina ovat mittavat säästöt ja ajankäytön parempi hallinta vähentämällä kaikkien odotteluaikaa. Osa tapahtumista olisi mahdollista hoitaa etäyhteydellä ilman henkilökohtaista tapaamista. Infotilaisuuteen osallistui kanssani myös Keski-Uudenmaan

kerhon vetäjä Seppo ja meidät molemmat valittiin myös potilasedustajiksi projektiin.

Kesän jälkeen työ siten alkoi ja projektin työnimeksi tuli Aivotalo. Suorastaan Oivallinen nimi – aivo on Oivan anagrammi. Aivotalo koostuu usean eri sairauden kokonaisuudesta, johon Parkinsonin tauti kuuluu. Aivotalo on yhtenä talona terveyskylä.fi-portaalissa. Parkinson osion vetäjänä toimii neurologi Laura Mäkitie ja työryhmä koostuu useasta neurologista sekä hoitajista pääkaupunkiseudunseudun sairaaloista.

Me olemme Sepon kanssa ainoat maallikkojäsenet. Olimme aluksi hieman hämillämme mitä lisäarvoa me toisimme asiaan, mutta pian selvisi, että itse asiassa meillä on tietoa, joka kaikilta alan ammattilaisilta puuttui, käytännön kokemus ja sisäiset tuntemukset.

Projektin edetessä meidän roolimme jopa hieman laajeni alkuperäisestä suunnitelmasta, sillä aloimme aktiivisesti ottaa kantaa asioihin ja teimme parannusehdotuksia – ja etenkin tekstin sisältö muuttui melko paljon meidän esitystemme mukaisesti. Siirryimme lääketieteellisestä kielestä kansankieleen. Koska 1. osio on suunnattu tavallisille pulliaisille, meidän kokemuksiamme hyödynnettiin reilusti. Meille varattiin aikaa videoituun haastatteluun, jossa kuvasimme tuntemuksiamme ja ajatuksiamme sairauden eri vaiheissa.

Ensimmäinen eli julkinen osio julkaistiin keväällä 2017 ja sen jälkeen projekti laajeni kattamaan kaikki Suomen yliopistolliset sairaalat. Tällä hetkellä olemme kuvaamassa Digihoitopolkua, joka tulee olemaan yksilöllinen ja henkilökohtainen jokaiselle potilaalle erikseen räätälöity prosessi. Olen myös päässyt kokeilemaan etävastaanottoa puheterapeutin kanssa.

On ollut hienoa nähdä kiireisten neurologien sitoutuvan projektiin. Asiat tehdään sovitusti ja tiiviin tiimin sisällä huulikin lentää näin savolaisittain sanoen totutusti. On myös ollut mukavaa saada arvostusta asiaan vihkiytymättömälle potilaalle ja todeta, ettei meidän vanha ja kulunut sanonta oman tautinsa asiantuntijasta olekaan tuulesta temmattu vaan analyyttisesti valmisteltu ja esitelty oma-arvio on todellakin arvostettu ammattilaisten piireissä."

Vuosi 2018 on lämmin vuosi, mutta lokakuuhun päästessämme koemme jo kylmiä aamuja, sateisia päiviä, tuulisia öitä. Kaunis aurinkoinen sää onneksi on torstaina 4.10., kun yli 200 kuulijaa saapuu seminaariin, joka luotaa ajankohtaisia lääketutkimuksia tavoitteena Parkinsonin taudin hidastava hoito. Minäkin lähden Vantaalta, Leinelästä, eteläiseen naapurikaupunkiin, Biomedicumiin Meilahteen, mutta en luentoja kuuntelemaan vaan pitämään aulassa luentosalin ulkopuolella kirjanäyttelyä kokoelmaani karttuneesta Parkinson-kirjallisuudesta. Käy ilmi, että kahta jo ilmestynyttä artikkelia on luettu, saan kiinnostavia palautekommentteja ja tunnustusta eritasoisten kirjojen arvioinneista. Paikalla ovat myös Seppo ja Maisa kirjojaan myymässä. Seppo myy oman kirjansa, Sepposen selällään (BoD, 2018), lisäksi erään toisen tekijän uutukaista. Itse otan tilauksia vastaan omasta kirjastani, jonka postitan tilaajille saatuani lähetyksen kustantajalta.

Reilun kolmen tunnin aulapartioinnin bonuspalkintona on monen Parkinson-tutun tapaaminen. Oivassa aikoinaan aktiivisia olleita, elämäntarinakurssilleni osallistuneita, ihmisiä ajalta ennen diagnoosia – ajatella, meillä on kummallakin tämä... Ja tietysti Oivan nykyinen puheenjohtaja Kaarina ja varapuheenjohtaja Sari sekä monta muuta Oivan jäsentä.

Juttutuokiot uusien tuttavuuksien kanssa ovat nekin palkitsevia. Mies, jolla on ollut diagnoosi viitisen vuotta ja josta ei päällepäin näy oireita. Iäkäs herra, joka on tullut hakemaan tietoa poikansa vuoksi. Tämä on saanut diagnoosin nuorena, 42-vuotiaana. Pariskuntia, joista ei heti tiedä, kummalla on Parkinson. Autan kahvitarjoilussa vaikeasti liikkuvaa rouvaa – kahteen kertaan – ja jälleen todistan, että mieli liikkuu kerkeästi vaikka ruumis jäykistyisi ja liike hidastuisi.

Edennyt Parkinson on elinkautinen vankeus vailla mahdollisuutta ehdonalaisuuteen.

2019 – 2020
Oivan tulevaisuus

Työikäisten Parkinsonin tautia sairastavien ja heidän läheistensä Oiva-kerho aloittaa 10. toimintavuotensa huhtikuussa 2019. Minkälainen Oiva-kerho on ja mitä se tekee 10.4.2020, kun on kulunut kymmenen vuotta kerhon syntyyn johtaneesta työikäisten tulokastapaamisesta?

Seuraavassa on Oivan piirissä toimivien ajatuksia Oivan tulevaisuudesta.

Arto painottaa terveiden roolia vertaistuen lisäksi: "Oivan tulevaisuus - onko sitä? Pitkästä aikaa Oiva-kerhosta tuli sähköpostia. Luulin toiminnan jo tyystin nuukahtaneen. Se tosin vertautuisi hyvin sairauteemme.

Parkinson-ihmisenä tunnistan ja tunnustan tosiasiat: sairauden edetessä tarvitsen terveiden tukea. Oloni on alati ailahteleva - jaksan ja en jaksa.

Kerhotoiminnan ydin on mielestäni vertaistuki, jonka me 'lajitoverit' parhaiten osaamme. Onnistuaksemme tarvitsemme kuitenkin 'terveet' tueksemme. Jonkun pitää varmistaa, että ovet aukeavat ja sulkeutuvat sovitusti. Jonkun pitää tiedottaa, mitä me teemme.

Me työikäiset sairastavat olemme kahdella tapaa vähemmistössä. Olemme kuin kummajaisia, joiden yhteiskunta edellyttää jatkavan työelämässä mutta joita työnantaja kummeksuu. Olemme kummajaisia myös omiemme joukossa; valtaosa saa diagnoosin kansaneläkeiän ylitettyään.

Suomen Parkinson-liitossa on toki työikäisten yhdyshenkilö ja toimikunta mutta pohjimmiltaan liitto on ikäihmisten seura. Miten me työikäiset potilaat saisimme liiton auttamaan meitä tukemaan toisiamme – iästämme ja kunnostamme riippumatta?"

Tarja pohtii iän merkitystä kerhotoiminnassa ja antaa esimerkin toisen kerhon toimintaan liittymisestä: "Luettelen muutaman asian, jotka ovat mielessäni. Työikäisenä Parkinsonin diagnoosin saaneena minulle oli tärkeää, että löytyi kerho (Oiva), jossa kokoontuivat ikäiseni. Olen tavannut ikäisiäni ja nuorempia diagnoosin saaneita, jotka eivät missään nimessä halua mukaan kerhotoimintaan, koska eivät halua/pysty tapaamaan huonokuntoisempia kohtalontovereita (mikä heitäkin odottaa).

Olen huomannut, että iäkkäämmät eivät puhu lääkkeistä ja niiden sivuvaikutuksista, eivät itse sairauden tuomista ongelmistakaan niin avoimesti kun nuoremmat (=työikäiset). Tiedon saaminen sairaudesta ja lääkkeistä ja hoidoista oli aluksi tosi tärkeää ja sitä saikin netistä ja työikäisiltä sairastuneilta.

Tapasin satunnaisesti Itä-Helsingin Parkinson-kerhon väkeä (keilaamassa ja UPY ry:n tilaisuuksissa) ja minua pyydettiin mukaan kerhon toimintaan. Koin sen jollakin tavalla velvollisuudeksikin, koska kerhon iäkäs porukka ei ollut kykeneväistä vetämään kerhoa."

Kolmannessa puheenvuorossa on pohdintaa kerhotoimintaan sitoutumisesta ja esteistä, jotka karkottavat yhdistyselämästä. Tarvitaan inhimillistä asennoitumista kerhon ja yhdistyksen jäseniin, jotta voisi edes kuvitella näiden sitoutumisesta mihinkään saati osallistumisesta itsestään antaen ja yhteistyöstä ammentaen.

Kaarinaa tuleva huolettaa: "Olen pohtinut Oivan tulevaisuutta ja tuleva huolettaa. Ihmiset joko hakeutuvat lähimpään kerhoon tai eivät tule toimintaan mukaan, vaikka olisivat jäseniä. Miten heitä saisi mukaan, mikä olisi asia, jolla saisi kiinnostuksen heräämään? Tuntuu olevan melko yleistä, että yhdistystoiminnassa ollaan mukana vähäisellä panostuksella.

Onko niin, että yhdistyksissä joitain asioita pidetään vähäpätöisinä, vaikka ne uusien jäsenien näkökulmasta ovat tuiki tärkeitä? Tuleeko näille tunne, että täytyy solahtaa kuin kala veteen heti ensi kerrasta alkaen?

Mielestäni uusia jäseniä täytyy lähestyä avoimin mielin ja kuunnella ja kysellä heidän tuntojaan. Ei pidä vain tarjota jotain, mitä on itse hyväksi havainnut.

Uusien illassa on tuvan täydeltä väkeä, mutta kuinka moni sen jälkeen osallistuu toimintaan? Pahoin pelkään, että liian positiivinen ja iloinen ote sairaudesta kerrottaessa karkottaa ihmisiä.

Kun on vedetty elämässä matto jalkojen alta ja kaadettu ämpärillinen kylmää vettä niskaan, ei ole iloisella mielellä eikä noin vain pysty sanomaan, että äläpä Parkinson häiritse, minulla on muuta tekemistä. On minullakin muuta tekemistä ja syystä tai toisesta se Parkinson häiritsee.

Nyt toimistosihteerin on mahdollista lähettää sähköpostia tietyin kriteerein, esimerkiksi uudet alle 55-vuotiaat. Oivan tulevaisuutta ajatellen voisi lähettää viestiä oikealle ikäryhmälle ja räätälöidä heille Oivan näköinen uusien ilta. Tämä on näkemykseni nyt, visiot ovat tulossa – toivottavasti."

Entä mitä tarjoaa neljäs kirjoittaja? Pessimistin ajattelu on virkistävää, varsinkin kun se tulee Oivan ulkopuolelta.

Paula esittää näkymänsä: "Pessimistinä luulen, että jokunen kerho irtautuu Uudenmaan Parkinson-yhdistyksestä omaksi yhdistyksekseen. Nämä eroajat perustavat oman työikäisten kerhon, jolloin Oiva kutistuu ja kuihtuu lähinnä välimatkojen hankaluuteen ja kävijöiden vähyyteen.

Vaihtoehtoisesti Oivasta tulee helsinkiläisten työikäisten kerho. Vantaalaiset ja espoolaiset ynnä muut perustavat omat 'Oivansa'. Noin suuresta väestöpohjasta löytyy työikäisiä, mutta kuka lähtee ajamaan 50 km kerhoa varten? Ei monikaan, varsinkaan, jos on työelämässä. Nuoria taas voi olla vaikea aktivoida 'vanhusten' kerhoon. Minä en olisi liittynyt yhdistykseen, ellei LaParkia olisi perustettu. Yhdistyksen kokoukset olivat kuivia luentoja, vastaanotto töykeä. Kerhon tulisi olla kohtuumatkan päässä ja tarjota vertaistukea ja kivaa tekemistä.

Onko Uudenmaan Parkinson-yhdistys unohtanut nuoret? Kaikki jää Oivan harteille? Ei hyvä. Yhdistyksen jäsenrekisteristä pitäisi katsoa nuoret jäsenet, esimerkiksi alle 65-vuotiaat, ja heidän postinumeronsa perusteella lähettää kohdennettua postia, vaikka että tule Tikruun silloin ja kokoonnumme nuorten kesken, jonkun yhteystieto alla. Sama juttu Espoo ja muut isot keskukset, Tuusula, Lohja...

Eli perustakaa Oivalle etäpisteitä eri puolille, joku koordinoi hommaa, varaa kokoontumistilat (ilta-aikaan) ja kerholle yhteyshenkilön."

Martti näkee Oivan sitten joskus, vuonna 2023, näin: "Olen saanut käyttööni aikakoneen, joka siirtää minut hetkeksi vuoteen 2023. Olen itse silloin 70-vuotias ja Oiva pahimmassa murkkuiässä. Mitä sellaiselle osaa paljon nähnyt pappa sanoa ja mitä hän ymmärtää murkun maailmasta?

No yritetään. Katson ulos ikkunasta. On lokakuun loppu ja ulkona vihertää, lämmintä on ja märkää. Pitäisi olla syksy. Luonto ihmettelee ja ihmiskunta voi enää vain seurata katseella ympäristön kamppailua. Enää ei puhuta jatkuvan kasvun vaatimuksista. Sen sijaan mietitään arkisempia asioita ja uhkia. Kuka vei rantasaunan, miksi salaojat eivät vedä, miksi köyhien määrä lisääntyy ja eriarvoisuus kasvaa? Nälkää on.

Kaiken keskellä Oiva itse on ollut kaikki nämä vuodet aktiivinen ja tiedostava uusien urien aukoja. Yhteiskunta on monesta syystä muuttanut muotoaan vuoden 2018 tilanteesta. Ehkä eniten Parkinson -porukkaa on koskettanut Sote-uudistus. Palveluiden ja palveluketjun virittäminen on juoksuttanut ihmisiä luukulta luukulle ja potilaiden hoidon saanti on epätasaista ja se on kaikista lupauksista huolimatta kustannuslähtöistä. Edelleen fokuksessa on tauti, ei sitä sairastava ihminen. Tautinen.

Hyviäkin uutisia on ja tärkeitä. Uusien hoitojen ja lääkkeiden kehitystyö on tuottanut tuloksia. Hiukan haikeana mietimme ikätoverien kanssa, miten paljon paremmin asiat voisivat olla, jos olisimme 5 vuotta nuorempia. Tutkijat tekevät työnsä hyvin.

Oivalla on kaiken aikaa ollut tärkeä tehtävä ohjata nuoria ja vasta sairastuneita jakamalla kokemuksiaan. Monille kerhoille se on ollut korvaamaton tuki kerhojen vastuuhenkilöiden voimien hiipuessa.

Nyt alkaa aikakoneen akku olla tyhjä ja kuva sumenee. Viimeisenä näen jotain valkoista leijuvan alas taivaalta. Taitaa sittenkin olla talvi tulossa."

Entä mitä ajattelee Oiva-kerhon uudempi jäsen? Sari vastaa näin: "Kirjoitan tätä uuden Oivan jäsenen ja nyt kaksi vuotta Parkinsonin kanssa tuttavuutta tehneen näkökulmasta. Sain diagnoosin, kun olin 51-vuotias, siihen asti olin ollut perusterve, kunnes vasen käsi alkoi vapista siihen tahtiin, että sillä olisi syntynyt hyvää kermavaahtoa. Tutkimusten, työterveyshuollossa ja neurologilla käyntien jälkeen sain lopulta diagnoosin Parkinsonin tauti. Sen kertoi minulle puhelimessa tuntematon erikoistuva lääkäri. Vaikka olin jo pohtinut ja valmistautunut henkisesti samaan Parkinson-diagnoosin, ei kyllä vähään aikaan tiennyt, miten pitäisi toimia. Mietin, mitä nyt tapahtuu. Tuleeko koko elämä muuttumaan toisenlaiseksi?

Alkujärkytyksestä toivottuani soitin Uudenmaan Parkinson-yhdistykseen. Sieltä sain neuvoja ja opastusta ja samalla polkuni Oivassa alkoi. Ensimmäistä kertaa tapasin parkkiksia uusien illassa. Olin iloisesti yllättynyt. Niin mukavia ja iloisia ihmisiä! Siitä lähtien olen ollut mukana toiminnassa Oiva-kerholaisena. Tosin työelämä, jossa edelleen olen, haittaa toisinaan osallistumista toimintaan.

Koen että oivalaiset ovat tärkeässä roolissa vertaistuen antajana sekä minulle että puolisolle. Viime aikoina on ollut haastavaa saada uusia työikäisiä mukaan toimintaan. Oivan toiminta on ollut hiljaisempaa ja oivalaiset ovat olleet mukana muiden kerhojen tapahtumissa.

Olemmekin miettineet, minkälainen profiili Oivalla olisi jatkossa. On kuitenkin tärkeää, että työikäisillä olisi jatkossakin vertaistukea ja toimintaa, johon voi osallistua iltaisin tai viikonloppuisin, jos on työelämässä. Eläköön Oiva jatkossakin!"

Ruodin järjestökentän päällekkäisyyttä omassa kirjoituksessani. Alla oleva perustuu liiton lehdessä kesällä 2018 julkaisemaani juttuun: "Pitääkö kaikkien olla samalla asialla? Liityin liki kolmetoista vuotta sitten Suomen Parkinson-liiton jäseneksi. Korjaan, Uudenmaan Parkinson-yhdistyksen jäseneksi. Siitä lähtien olen lukuisat kerrat korjannut omia ja muiden puheita. Kuulumme yhdistykseen, käymme yhdistyksen kerhossa, ja yhdistyksemme on liiton jäsen.

Hämmennys vain lisääntyy, kun katsomme liiton ja jäsenyhdistysten sääntöjä. Yhteisellä asialla ollaan, toimimassa sairastuneen ja hänen läheistensä parhaaksi. Mutta ovatko eri järjestötasojen tarkoitukset ja tehtävät liiankin samanlaisia? Johtaako saman mission toteuttaminen kilpailuun ja kyräilyyn, jopa vihanpitoon yhdistysaktiiveissa, puheenjohtajissa ja liittokokousedustajissa?

Liiton tarkoitusta kuvataan säännöissä kuudella kohdalla, joista vain yksi kohdistuu jäsenyhdistyksiin, muut viisi yhdistysten henkilöjäseniin. Liiton tarkoituksen toteuttamisen keinoja kuvataan säännöissä seitsemällä kohdalla, joista vain yhdessä mainitaan jäsenliitot, ja siinäkin lisäksi niiden henkilöjäsenet.

Liiton säännöt eivät todellakaan anna kuvaa, että liitto olisi yhdistysten asialla, vaan samalla asialla kuin yhdistykset ja kerhot. Yksittäiset rivijäsenet kohtaavat järjestönsä lähinnä juuri omassa kerhossaan, minä työikäisten Oivakerhossa, jota olen ollut perustamassa. Aktiivisimmat käyvät yhdistyksensäkin tilaisuuksissa. Liitto on jossain kaukana, kuulemma jossain Suvituulessa, Turussa. Näkyväksi liitto tulee postiluukusta kopsahtavan lehden avulla. Peilaan nyt tavallisen rivijäsenen tietoisuutta.

Joskus liiton ja yhdistyksen välinen hankaus kiteytyy liiton aluetoiminnassa, jos yhdistyksen luottamushenkilöt yrittävät pomottaa järjestösuunnittelijaa. Järjestösuunnittelijoiden esimies on kuitenkin liiton toiminnanjohtaja, ei jäsenyhdistyksen johto.

Mitä voisimme tehdä, jos kolmen portaan hierarkia tuntuu sekavalta? Korjausta voi yrittää hierarkian eri tasoilla.

1. Liitto voisi ottaa henkilöjäseniä suoraan. Ei tarvitsisi liittyä alueellisen yhdistykseen ollenkaan. Ainakin minua kiinnostaa valtakunnallinen toiminta ilman alueellisia tai pakallisia kytkentöjä. Tämä olisi yksilötason vahvistamista.

2. Yhdistysten ja kerhojen erottelun voisi lopettaa. Jako on keinotekoinen, kun suuret kerhot ovat toimeliaampia kuin pienet yhdistykset. Kaksi järjestöporrasta, yhdistykset ja liitto, olisi ymmärrettävämpi. Kerhot voisi muuttaa yhdistyksiksi samalla pienimpiä kerhoja hallinnollisesti yhdistellen. Tämä olisi yhteisötason vahvistamista.

3. Liitto voisi ajatella uusiksi tarkoituksensa ja toimintansa. Se voisi keskittyä suuriin kuvioihin, jäsenyhdistystensä asioiden ajamiseen, intressiryhmille viestintään, edunvalvontaan, poliittiseen vaikuttamiseen sekä kansainväliseen verkostoitumiseen ja vuorovaikutukseen. Tämä olisi yhteiskunnallisen ja globaalin tason vahvistamista.

Yksi muutos on mahdollinen ilman sääntömuutoksia. Voisimme muuttaa ajattelu- ja puhetapaa niin, että sanoisimme kuuluvamme liittoon.

Vertailukohtana olkoon 'akavalainen'. Samankaltainen organisoituminen kuin potilasjärjestössämme on johtanut työelämässä erilaiseen käsitykseen siitä, mihin minä kuulun, ja sitä kautta erilaiseen puhetapaan. Akavalaisena olen henkilöjäsenenä työnantajatason yhdistyksessä, joka puolestaan on jäsenyhdistyksenä valtakunnallisessa yhdistyksessä, joka viimein on Akava ry:n jäsenyhdistys. Työpaikat ja alemman tason yhdistykset voivat vaihtua, mutta akavalaisuus pysyy. Vieläpä sen jälkeen, kun olen lopettanut työt ja eronnut ammattiyhdistyksestä."

Tämän luvun loppuun lisään vielä bonuksena kuulumisia Turusta. Kun olen yhteydessä Olivia-ryhmän Virpiin kysyäkseni luvan hänen esiintymiseensä etunimellään Oivan historiassa, hän vastaa yllättävästi – ja Oivan tarina mielessä pitäen ehkä ei niin yllättävästi sittenkään.

Ensiksi hän kirjoittaa, että on upeata lukea, että Oiva toimii yhä. Olivia on kuulemma henkihieverissä. Uusia toimijoita ei löydy ja vanhat, *Olivia Olders,* ovat raihnaisia, jos sellaista sanaa tässä uskaltaa käyttää, vaikka informantti käyttääkin.

Hän laajentaa pohdintaa ryhmää ja kerhoa suurempiin kuvioihin ja toteaa, että sama toimijoiden vähyys näyttää koskevan myös yhdistystä. Hän kysyy, onko yhdistystoiminta vanhanaikaista. Ja hän nostaa esiin epäilyn, että sosiaalisessa mediassa seurustelu on korvannut perinteisen yhdistystoiminnan. Mutta riittääkö somessa seurustelu?

Virpi tekee järisyttävän hyviä havaintoja. En ole itse tullut ajatelleeksi sosiaalisen vuorovaikutuksen digitalisoitumisen vaikutuksia yhdistyselämään noin suoraviivaisesti, mutta silti uskottavasti. Olen pitänyt somea ikään kuin lisämausteena tai ylimääräisenä herkkuna. Mutta se näyttää olevan todella rakenteita ja toimintoja muuttavaa.

Ymmärrän, että tätä Oivan historian kirjoittamista voi pitää kerhon elinvoimaisuuden merkkinä. Tosiasiassa itse ajattelen ryhtyneeni muistelutyöhön etuajassa siinä pelossa, että kun kymppi tulee täyteen, mitään Oivaa ei enää ole.

Vastaan siis Virpille, että samankaltainen kehitys on ollut Oiva-kerhollakin. Väki vähenee. Uusia toimijoita ei tule mukaan ollenkaan siinä määrin kuin olemme kerhoa perustaessamme kuvitelleet. Säännöllisistä kokoontumisista on luovuttu. Niin, ja kovin vaikeaa on meidänkään yhdistyksestä löytää puheenjohtajakandidaatteja.

Virpi vastaa ilahtuneensa yhteydenotostani, mutta ei Oivan kuulumisista. Hän kirjoittaa: "Ehkä se on niin, että eri aikakausilla ihmisillä on erilaiset tarpeensa ryhmittyä. Olivian ja Oivan osalta aktiivisimman toiminnan ajanjakso näyttäisi olevan noin 10 vuotta."

Olivialla vuosia on jo kymppi plus siinä kun Oivalla vasta kymppi miinus. Täyteen kymppiin tietysti tähtäämme. Vähintään.

JÄLKISANAT

Olen kertonut Oiva-kerhon tarinan sekä rivijäsenen että puheenjohtajan näkökulmasta – niiltä osin, kun olen puheenjohtaja ollut ja sen perusteella, mitä olen jälkeeni tulleita puheenjohtajia kuunnellut. Kolmas näkökulma, näin uumoilen, on Parkinson-kentän toimijan, sellaisen, jolla on kerhon jäsenyydestä tai puheenjohtajuudesta irrallinen rooli, jossa hän tekee yhteistyötä eri tahojen kanssa.

Oiva-kerhon historiaa ja tulevaisuutta ajatellessa on pakko kyseenalaistaa myös menestykseksi miellettyä toimintaa. Vaikka kerhomme on hienosti sanottuna sosiaalisesti, emotionaalisesti, kognitiivisesti ja virtuaalisesti verkottunut toimija – verkottunut niin keskenään kuin globaalissa toimintaympäristössään – on pakko kysyä, ovatko kerhossa ja kerhon johdossa syntyvät projektiluonteiset tempaukset oikeasti kerhotoimintaa elävöittäviä vai iskevätkö ne liiaksi verta peruskerhotoiminnasta.

Miten vaikuttaa vähemmän toimeliaisiin se vääjäämätön havainto, että aktiivijäsenillä, kerhon sisäpiirillä, on miltei aina jotain "erikoista" tekeillä?

Jääkö rivijäsenille näytön paikkoja tai edes olemisen paikkoja, tilaisuuksia olla ihan tavallinen vailla jatkuvaa Erikoisten Tapahtumien vyöryä – opasvihkonen, hanke, matkapäiväkirja, kongressi, ParDy, taidepöhinä, Lapin matka, norppasafari, Parkiadit...

Oivan 10-vuotismerkkipäivää odotellessani leikin ajatuksella, että Oiva päättäisi olla erilainen kuin se on ollut, että muodonmuutos olisi Oivan tie eteenpäin.

Leikin ajatuksella, että entä jos kerhoa alkavatkin pyörittää tolkun ja maltin ihmiset, jotka näyttävät tavallisen hyvinvoivan elämän mallia kerholaisille.

Entä jos kerho edustaakin laadukasta arkipäivän eetosta ja nousee sillä imagolla uuteen kukoistukseen.

Entä jos kerho tarjoaakin jäsenilleen mielekästä tekemistä ja hauskaa seuraa – mutta ilman sitoutumista aikarosvoihin, voimasyöppöihin, ajatussieppareihin – eli julkaisuprojekteihin, kehitysprosesseihin, maailmankongresseihin.

Toiselta suunnalta kuulen parahduksen, että Erikoiset Tapahtumat ovat juuri sitä, mikä tekee Oivasta Oivan!

Kuulen sanottavan, että merkityksellisten tekojen ja tapahtumien sarja rakentaa kerhon identiteettiä ja siinä samalla kerhon jäsenen minäkuvaa.

Lisäksi monet noista happeningeista ja proggiksista ovat vahvasti osallistavia ja yhteisöllistäviä. Ne tarjoavat kaikille tilaisuuksia tulla mukaan, tehdä yhdessä, lähteä matkaan, olla osa porukkaa – ja hyvin eritasoisilla paneutumisilla ideoinnista ja tapahtumasuunnittelusta arpojen myyntiin ja kahvinkeittoon.

Se on selvää, että Oiva muuttuu, sen täytyy muuttua.

Nyt jo on nähtävissä, että Oiva on jo lisännyt yhteistyötä muiden kerhojen ja yhdistyksen kanssa.

Parkkis-lehti (3/2018) todistaa, että ainakin Oivan pitkä-aikaiset jäsenet toimivat laajalla alalla. Martti kirjoittaa Tai-depläjäyksestä, UPY:n yhteisestä taidetapahtumasta, jossa meitä Oivan jäseniä oli mukana sekä järjestäjinä että näyt-teilleasettajina. Kaarina kirjoittaa Portlandin kokemuksista ja vuoden 2019 Kiotoon Japaniin suuntautuvasta kong-ressi- ja lomamatkasta. Lisäksi hän kirjoittaa kahdessa eril-lisessä artikkelissa Dragon-melontaretkestä sekä kiireestä ja hitaudesta. Maisalla on artikkeli UPY:n virkistys- ja liikun-tapäivästä sekä toinen artikkeli Espoon kerhon matkasta Maarianhaminaan.

Esimerkillistä. Mallikasta. Oivallista!

YHTEYSTIETOJA

Oiva – työikäisten Parkinson kerho
oiva.kerho@gmail.com

Uudenmaan Parkinson-yhdistys ry
http://www.upy.fi

Suomen Parkinson-liitto ry
https://www.parkinson.fi

Parkinson-liiton työikäiset
https://www.parkinson.fi/parkinson-liiton-tyoikaiset

Parkinson's UK
https://www.parkinsons.org.uk/

European Parkinson's Disease Association (EPDA)
https://www.epda.eu.com

Parkinson's Life
https://parkinsonslife.eu/

World Parkinson Coalition
https://www.worldpdcoalition.org

5th World Parkinson Congress (#WPC 2019)
https://wpc2019.org/?

Timo Montosen saatavilla olevat teokset:

1. Sadie Q: Romaani (2011)
2. Parempaan elämään: Muutospäiväkirja (2011)
3. Eturivin kirjailija: Romaani (2015)
4. Tuuli tulee kaukaa: Tankarunoja (2015)
5. Aikeita ja tunteita: Romaani (2015)
6. Kirjoita elämäntarinasi (2015)
7. Kirjoittajan kirja nro 3 (2015)
8. Kuka pelkää Parkinsonia (2015)
9. Who's Afraid of Parkinson's? (2015)
10. Palmenian kirjoittajakoulutuksen tuho (2016)
11. Alkukuva: Romaani (2016)
12. Kirjailijan matkapäiväkirja (2016)
13. Oiva Goes USA: Matkapäiväkirja (toim.) (2016)
14. Sillanpäässä Taataa katsomassa: Viisi romaania (2016)
15. Hermes ihmisten tiellä: Romaani (2017)
16. Rakkautemme värinä: Romaani (2017)
17. Muisti kirjaan: Kun tiedät, mutta et muista (2017)
18. Kirjailijan astalo: Romaani (2018)
19. Oivan kymppi: Kerhon historia ja tulevaisuus (2018)

Kustantaja: BoD™ – Books on Demand, Helsinki, Suomi